친환경
발도르프
놀이도구 만들기

엄마, 발도르프 인형으로 놀아요 ① 3개월~24개월

CREATIVE PLAY FOR YOUR BABY

First published in 2008 under the title Creative Play for Your Baby
by Gaia Books, part of Octopus Publishing Group Ltd.
2-4 Heron Quays, Docklands, London E14 4JP
©2008 Octopus Publishing Group Ltd. All rights reserved.
Korean translation rights arranged with Octopus Publishing Group Ltd.
through Amo Agency, Korea.

엄마, 발도르프 인형으로 놀아요 1 : 3개월~24개월

- 친환경 발도르프 놀이도구 만들기

초판발행 · 2009. 08. 03.

지은이 · 크리스토퍼 클라우더 / 재니 니콜

옮긴이 · 이양준

펴낸이 · 지미정

편집 & 교정 · 최지영 · 박은영 · 서미현

bookdesign · f205

홍보 & 마케팅 · 이나나

펴낸곳 · 知와 사랑

서울시 마포구 합정동 355-2

전화 (02)335-2964

팩시밀리 (02)335-2965

등록번호 제10-1708호

등록일 1999. 6. 15.

ISBN 978-89-89007-44-9   03370

　　　978-89-89007-43-2(set)

값 12,000원

www.jiwasarang.co.kr

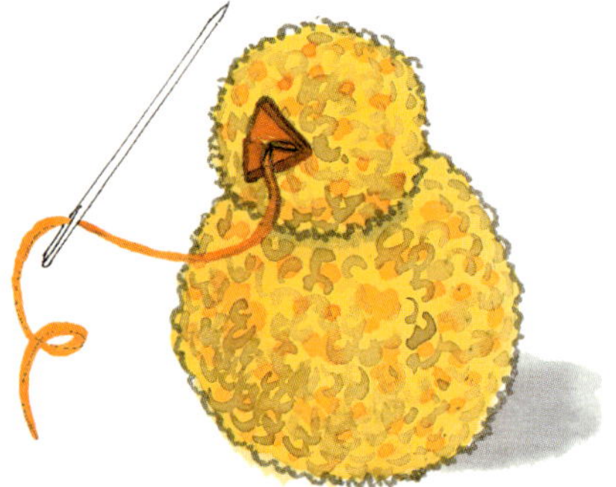

엄마, 발도르프 인형으로 놀아요 ① 3개월~24개월

크리스토퍼 클라우더, 재니 니콜 지음

이양준 옮김

知와 사랑

차례

들어가는 말 …… 6

보살핌 Care

보살핌에 대하여 …… 16

동글이 인형 …… 22

폭신폭신 인형 …… 26

재미있는 인형극 놀이 …… 32

아기자기 벽걸이 주머니 …… 36

흔들흔들 인형 침대 …… 40

꼬꼬댁 엄마닭 인형 …… 44

보들보들 양 인형 …… 48

복슬복슬 병아리 …… 52

자각 Awareness

자각에 대하여 …… 58

딸랑이와 흔들이 …… 64

떼구루루 털실 공 …… 70

산들산들 풍경 …… 74

댕그랑 꽃화분 종 …… 78

활동 Action

활동에 대하여 …… 84

블록과 울타리 …… 90

북실북실 털방울 …… 96

두둥실 나무 배 …… 100

칙칙폭폭 나무 기차 …… 104

부르릉 자동차 …… 108

미끄르르 오리 …… 112

슝슝 미끄럼대 …… 116

경이 Wonder

경이에 대하여 …… 122

모래 상자 …… 126

보물 바구니 …… 130

자연을 담은 모빌 …… 134

창문 장식 액자 …… 138

색인 …… 142

참고문헌 …… 143

부록 …… 144

들어가는 말

놀이는 즐겁다. 우리는 놀이를 할 때 거기에 푹 빠져 열중하게 되고 세상과 하나가
됨을 느낀다. 이것은 유년 시절의 지혜로, 교육을 통해 얻어지는 것이 아니며, 훗날에
결실을 맺으려면 이를 계속 격려하고 또 올바르게 인식할 필요가 있다. 어른의 역할은
아이들에게 보호자 겸 해결사가 되어주는 것이고, 아이는 놀이를 통해 건강하고 삶이
향상되는 유년기를 보낼 수 있다.

놀이가 중요한 이유

아이들의 유년 시절은 놀이와 이어져 있다. 윌리엄 블레이크는《아기의 기쁨》이
라는 시에서 이렇게 표현하고 있다.

"내겐 이름이 없어요.

태어난 지 이틀밖에 안 됐거든요."

나는 너를 무엇이라 부를까?

"나는 행복해요.

기쁨이 내 이름인걸요."

달콤한 기쁨 네게 있어라!

놀이는 논리력과 사회성, 기억력, 성취감, 가치 등 아이가 앞으로 살아갈 때 필
요한 많은 능력들을 키울 수 있는 활동이다. 놀이는 긴 인간의 성장 과정에서 무시
해도 좋을 행위가 아니라, 사실은 인간의 본성 깊숙이 존재하는 것이다. 놀이에는
유머와 예술적 재능, 건강, 인간관계, 환경 인식과 자아 인식이 포함되어 있다. 놀
이는 정신건강의 지표다. 따라서 오래 놀수록 더 많은 것을 배울 수 있다.

아이들은 사랑이 깃든 안전한 환경에서 성장할 때 보다 잘 놀 수 있다. 유년 시
절의 체험은 일생 동안 영향을 미친다. 인내심이나 시민의식, 존중심, 평정심, 갈
등, 인종이나 사상의 차이로 인한 분열 같은 사회적 주제들을 다룰 때 강하고 약함

의 정도 차이는 있겠지만 어린 시절의 체험들이 우리가 살고 있는 사회에 영향을 미친다는 것을 잊어서는 안 된다. 인간은 지혜로운 사람이라는 의미인 호모 사피엔스이기도 하지만 이야기하는 사람이라는 의미의 호모 나란스, 그리고 인간이 본래 타고난 요소인 놀이와 웃음의 욕구를 표현한 놀이하는 사람, 즉 호모 루덴스이기도 하다.

아이들은 소리를 민감하게 감지한다. 태어나고 몇 시간 안 되어서부터 아이들은 인간이 내는 소리와 그 외의 소리를 구분해낼 수 있다. 아이들은 자기들 주변에 있는 사람들이 하는 행동들, 특히 눈 맞춤과 얼굴 표정에 세심하게 주의를 기울인다. 아이가 어떤 사물을 대할 때 아이는 사물 자체보다는 상대가 보이는 반응에 더 관심을 기울인다. 이 같은 행동은 아이들이 자기중심적이라는 이상한 주장을 무너뜨리는 반증이라 할 수 있다. 아이는 당신의 태도에 관심을 보일 것이다. 아이는 본래부터 다른 사람들과 '마음으로 어울릴' 자세가 되어 있다. 이런 모습은 동물의 새끼들에게서는 찾아볼 수 없다. 아이는 엄마로부터 성장한다는 것

이 무엇인지에 대해 배우면서 태도와 관심의 유형들을 스스로 정해나가는데, 이것이 훗날 아이의 성격을 이루는 토대가 된다. 엄마가 둔감하거나 무신경할 경우, 이 같은 엄마의 반응을 받아들여야 하는 아이는 어린 시절의 즐거움을 빼앗긴 셈이다. 아이는 엄마가 곁에서 말을 걸어주고, 관심 어린 행동을 보이며 감정을 주고받기를 원한다. 어떤 아이인가를 알고 싶으면 아이와 함께 노는 엄마를 보는 것이 가장 좋다.

놀이란 무엇인가?

'사랑이란 무엇인가'라든지 '평화란 무엇인가'와 같은 질문과 마찬가지로 놀이에 대해서도 여러 가지로 정의를 내릴 수 있을 것이다. 그러나 그 수많은 대답들에는 말로 설명할 수 없는 무언가가 빠져 있다. 놀

이는 유형적인 것이지만 그 안에는 무형적인 성질이 있다. 우리는 놀이를 인지할 수는 있지만, 놀이를 제대로 이해하고 느끼기 위해서는 놀이 속으로 들어가야 한다. 우리가 놀이에서 발을 빼고 놀이를 객관화하면 놀이의 본질에서 벗어나게 된다. 우리는 이 세상에서 목적이 분명한 것뿐 아니라 분명하지 않거나 신비한 것들도 접한다. 그러므로 우리는 자연이 우리에게 선사한 본성을 존중해야 하며, 앞일을 알 수 없는 불안한 상태에서 살아갈 준비가 되어 있어야 한다. 삶이란 수학 공식이나 사업 거래처럼 직접적인 이득을 기대할 수 있는 것이 아니기 때문이다. 그러면서도 우리는 이러한 인간의 불완전함에 미소를 잃지 말아야 한다. 성장한다는 것은 결코 끝나지 않을 과정이며, 아이들은 자신이 갖고 있는 무한한 성장 잠재력을 우리에게 뚜렷이 각인시켜줄 것이기 때문이다.

놀이는 자연스러운 것이다. 우리는 일상생활 속에서 자연스럽게 놀이와 접한다. 영화, 연극, 소설, 스포츠, 시, 음악에는 모두 놀이적 성격이 있는데, 그것들이 없다면 삶은 무척이나 초라해질 것이다. 놀이가 없어도 살아갈 수는 있겠지만, 인간으로서 우리의 모습은 과연 어떻게 될까? 이런 활동들을 하며 우리는 한계를 뛰어넘고, 이때 느끼는 감정을 통해 존재의 새로운 일면을 찾아낼 수 있다. 아이는 놀이를 통해 처음으로 세상과 만나는데, 이것은 평생의 습관이 되어 미래의 어려움에 대처하는 자세가 된다. 놀이는 학습과 창의력을 위해서도 하지만, 놀이 그 자체로도 의미 있는 것이기에 놀이의 정의를 내리는 것은 어려운 일이다.

놀이는 또한 단순하다. 단순함과 반복은 아이가 사회와 상호작용할 때의 기본 원리다. 아이는 자기가 떨어뜨린 물건을 어른이 주워주는 모습을 보고 또 보아도 재미있어한다. 또 같은 이야기와 노래를 계속해서 듣는 것도 좋아한다. 아이에게 살아 있는 것은 그 자체로 충분히 신기하다. 아이는 주변의 모든 몸짓과 소리와 반응과 기분을 빨아들이고 그 모든 것들과 일대일로 사랑의 관계를 맺고자 부단히 애쓴다. 심리적이고 발달 지향적인 관점에서 놀이를 풀이한 주장들이 많이 나와 있는데, 그 주장들은 모두 나름대로 타당성이 있다. 놀이는 분명 아이의 인식 능력과 사회성, 감정 발달에 영향을 미친다. 그러나 놀이에는 그 이상의 것이 있다.

놀이는 인간 정신의 표현이며, 그것은 놀고 있는 아이를 보면 확연하게 드러난다. 놀이는 우리가 어디로 가고 있는지 잘 말해줄 뿐 아니라, 우리가 어디에서 왔는지도 알려준다. 한때 아이를 백지와 같은 존재로 여기고 양육과 교육을 통해 그 백지 위에 성장의 비법을 써 내려갈 수 있다는 견해가 있었다. 그러나 이제 이런 견해는 더 이상 지지를 얻지 못한다. 오늘날에는 '유전 형질'이라는 것이 생물학적 결정을 통해 개인적 특성을 형성하는 것이라기보다는 그저 하나의 경향을 의미하는 단어로 쓰인다. 아이들 한 명 한 명이 유일무이한 존재이며, 이들은 각자의 목적과 개성을 지닌 채 세상에 태어난 것이다. 놀이는 우리들이 가진 자신만의 본질을 드러내게 한다. 아이들은 세상 밖으로 나오기를 바랐을 것이며, 부모들이 자신들과 함께 세상을 발견해나가는 존재가 되기를 바랄 것이다.

여러 종교에서는 인간의 운명과 생사에 대해 다루고 있다. 아이의 탄생은 우리의 삶에서 맞이하는 많은 것들을 되돌아보게 하는 좋은 계기가 된다. 부모가 되는 기쁨은 단순히 성취감 같은 것이 아니라, 아이가 부모에게 안겨주는 하나의 선물 같은 것이다. 아이는 부부 관계의 중심에 자리 잡은 사랑(또는 그 부재)을 다시 확인할 수 있는 존재이며, 아이 역시 주변에 사랑을 가져다준다.

사람들은 갓난아이를 포근하고 상냥하게 대한다. 미소를 지을 것이고, 억압적이기보다 온화하고, 밝은 표정과 자세를 취할 것이다. 이 모든 것들은 바로 아이가 해내는 것이다. 이를 존중해주기 위해 어른들의 억측은 옆으로 치워두고 우리가 잊고 있던 영역 속으로 들어갈 준비를 해야 한다. 교육을 받고 경험을 쌓은 세월의 기억들은, 아이처럼 단순하게 삶의 즐거움을 느끼지 못하게 한다. 그러나 우리가 놀이 그 자체에 몰두하면 아이는 그 같은 어른의 한계를 넘어설 수 있다. 놀이에는 인간의 정신이 작용한다. 어느 한순간도 똑같은 순간은 없으며, 매 순간순간이 모두 다 소중하다.

놀이에 대한 균형 잡힌 접근

아이는 풍부한 생명력을 지닌 존재이다. 하지만 아이가 스스로의 인격을 완성하고 이를 위한 균형을 갖추며, 나아가 원하는 대로 자신의 장래를 스스로 개척해나갈 수 있으려면, 이를 도와줄 어른이 필요하다. 놀이는 창의적이고 상호존중의 자세로 이러한 역할을 해준다. 색깔과 몸짓, 소리, 표현, 어조, 물질의 성질은 모두 삶을 알아가는 과정의 일부이므로 아이가 계속하여 긍정적인 감정으로 맞이할 수 있도록 해주어야 한다.

우리가 실감하는 수준 이상으로 더 많은 것들을 아이는 감각을 통해 빨아들이는데, 놀이는 그 감각이 보다 건강하고 탄탄해질 수 있게 해주며, 놀이를 통해 습득된 것은 평생에 걸쳐 영향을 미친다. 아이는 무한한 모방 능력을 지니고 있는데, 이는 배우고자 하는 강한 욕구의 표현이다. 걸음마와 말하기는 아이가 자연스럽게 배우는 신체 현상만은 아니다. 그것은 아이가 우주, 다른 사람들과 관계를 형성해나가는 열쇠이다. 또한 신체 운동은 훗날 학습을 위한 기초가 된다는 인식이 점차 커지고 있다.

어린 시절의 지혜는 우리가 여러 부분들을 한데 합쳐 완성을 향해 나아가는 존재라는 사실을 일깨워준다. 한 특성을 다른 것들로부터 떼어내어 분석하려 한다면, 우리는 자칫 이런 시각을 잃을 수도 있다. 이 책의 곳곳에서 우리는 이러한 문제들을 탐구할 것이다.

아이에게 도움을

윌리엄 블레이크는 앞서 소개한 《아기의 기쁨》과 대비를 이루는 《아기의 슬픔》이라는 시에서 갓난아기가 맞이할 수 있는 또 다른 세상과 그것이 아이의 성장에 끼치는 영향에 대해 묘사하고 있다.

> 어머니는 신음하고, 아버지는 울었지.
> 위험한 세상으로 나는 뛰어들었지.
> 나약하게, 벗은 몸으로, 빽빽 울어댔지.
> 구름 속에 숨은 악마처럼.

짐스러운 존재로 이 세상에 왔다는 것을 아이는 뼈저리게 인식하고 있다. 굳이 얘기 듣지 않아도 아이는 알고 있다. 이는 이 세상의 많은 아이들이 처한 현실이다. 그러므로 학대받거나 박탈당하는 어린 시절을 보내야 하는 아이들에게는 더 많은 놀이와 보살핌이 필요하다. 아이를 우리 가족으로 기쁘게 맞이하는 것이 장차 아이의 성장 발달에 대단히 중요하다는 사실이 여러 심리학 연구에서 드러나고 있다. 제대로 된 부모가 되고 싶다면 이런 과업을 해나갈 시간과 헌신을 기울일 준비를 해야 한다. 부모는 아이와 말하고 노래하고 놀아야 한다. 이를 통해 아이의 욕구에 대한 기본적인 상식과 감성을 이해하게 되는 것이다.

최근에는 '현실 세계'에서 남들한테 뒤처지지 않게 하려고 아이들을 어릴 때부터 극성스럽게 들볶으며 선행 학습을 강요하고 심한 경쟁 속으로 몰고 가는 경향이 있다. 이는 그릇된 과학 지식과 언론의 호

들갑으로 인해 벌어진 현상이다. 시기에 맞지 않게 너무 앞서가다 보니 아이가 제대로 따라가지 못해 도리어 아이에게 해가 된다. 요즘 널리 퍼져 있는 인간 본성에 관한 환원주의적 시각이 이야기하는 것처럼, 아이의 뇌는 더 이상의 자극이 필요 없다. 상상력과 창의력, 공감 능력, 경이의 마음 등은 앞으로 평생 학습의 기반이 되므로 자라나는 아이에게 대단히 중요하다. 이것들은 단순한 놀이나 노래, 이야기만으로도 더 발달하고 탄탄해진다.

아이를 키운다는 것

요즘같이 정신없고 험한 세상에서 아이를 키운다는 것은 쉬운 일이 아니다. 그렇지만 아이를 키우는 것에는 그만큼의 보답이 따라온다. 이 책에서는 놀이가 어떻게 의미 있는 활동이 될 수 있는지를 보여 줄 것이다. 부모의 창의력을 담아 장난감을 만들다 보면 부모와 아이의 관계도 한층 탄탄해진다. 또한

이렇게 만든 장난감을 소중히 다루어야 한다. 아이는 장난감에 대해 정서적으로 무척 가까이 느끼기 때문에 장난감을 무심코 버리거나 함부로 다루어서는 안 된다. 아이는 부모가 만들어준 장난감에 담긴 감정과 생각을 알고 있다. 따라서 아이에게 그 장난감은 부모의 배려와 애정을 확인하는 상징물이다. 이것은 아이가 조화와 균형 속에서 자라야 함을 깨닫게 해주고, 아이의 활동과 발달이 조화를 이루게 하는 데 도움이 된다. 또한 부모와 아이가 경이의 감정을 공유하게 해준다.

이 책은 부모의 기쁨을 위한 책일 뿐 아니라 아이의 기쁨을 위한 책이기도 하다. 부모가 이 책을 열어볼 준비만 되어 있다면 아이는 부모의 삶이 풍요로워지도록 많은 것을 가르쳐줄 것이다. 놀이를 할 때는 자신을 드러내야 한다는 점에서 위험 부담이 있어서 자신을 의식하는 성인들은 쉽게 놀이에 빠지지 못한다. 그러나 그러한 위험을 감수한다면 우리는 아이를 둘러싼 세계와 유사한 신뢰관계를 찾아낼 수 있다. 아이와 노는 것은 상호활동이며, 놀이를 통해 부모는 배우고 아이는 성장한다.

발도르프 교육

발도르프 교육은 20세기 초에 오스트리아의 철학자 루돌프 슈타이너(Rudolf Steiner, 1861~1925)에 의해 창시되었다. 발도르프 학교는 1919년 독일의 슈투트가르트에 처음 세워졌다. 발도르프 아스토리아 담배 공장 사장인 에밀 몰트가 슈타이너의 철학에 감명받아 공장 직원의 자녀들을 위해 설립한 학교가 그 시초이다. 현재는 전 세계 950여 개의 학교와 1,500여 개의 유아 교육기관에서 발도르프 교육이 행해지고 있다. 발도르프 교육의 사상과 교육법은 유아 및 학령기 아동들의 교육에서 그 영향력이 점차 늘어나고 있다. 발도르프 교육은 아이의 발달 단계에 따라 그 시기에 맞는 특정한 방식으로 학습이 이루어져야 한다는 것과, 학습은 인간의 보편적 발달을 토대로 한다는 전제를 두고 있다. 아이는 신체적 성장만 하는 것이 아니라 일반적인 특성과 개인적인 특성을 보이며 내면의 정신적 성장도 한다. 이에 따라 발도르프 교육은 아이의 연령에 맞게, 그리고 아이를 건강하게 성장시킬 수 있는 방식으로 이루어지며, 이때 인간 본성 및 창의성에 대한 바른 인식과 아이에 대한 존중이 필요하다.

이 책에서도 제시하고 있듯이, 영유아를 둔 부모들도 이런 방법으로 아이를 교육할 수 있다. 발도르프 교육은 아이가 중심이 되는 교육이며, 부모와 교사는 아이와의 상호작용을 통해 더 많은 것을 배울 수 있다. 어린 시절의 고유한 지혜가 있고, 이것을 잘 활용하면 부모와 교사가 건강하고 능동적이며, 바르고 참여적인 아이로 키울 수 있다. 또한 아이의 내적 성장에도 도움이 된다. 이 교육방법은 부모 자식 간의 관계가 건설적이고 행복하며 만족스러워질 수 있도록 해주며, 그 효과는 계속 지속된다. 아이를 키우는 일은 장기간 해야 하는 사명인 만큼 우리는 성급하게 우리 노력의 결과를 확인하려 해서는 안 된다. 아이가 장차 어떤 일을 할지 우리는 알 수 없으므로, 아이를 우리의 이상에 맞춰 키우려 해서도 안 된다. 하지만 우리는 아이들에게 긍정적인 자아존중감과 자기 인식을 심어주고, 그들 자신만의 능력을 키워나가도록 뒷받침해줄 수 있다. 가정에서든 교실에서든 이러한 핵심적 역할을 하는 것은 바로 놀이다.

아이의 생애 첫 3년은 흡수와 융화의 시기로, 이 시기의 아이는 부모가 하는 갖가지 행동과 생각들을 고스란히 빨아들인다. 그러므로 아이를 기르는 일은 부모가 지닌 가치관 및 규범과 큰 관련이 있다. 가치관 및 규범은 우리의 행동에서만 드러나는 것이 아니라 다른 사람들과 세상을 대하는 우리의 태도에도 내재되어 있다. 보다 나은 세상을 희망하고 아이들에게 걸맞은 부모나 교사가 되고자 한다면, 우리는 이를 늘 자각하고 있어야 한다. 올바른 이해와 주변의 지원이 이루어진다면 모든 이들이 그렇게 행동할 능력을 지니고 태어났음을 보여주는 발도르프 교육은 하나의 신조로서가 아니라 철학적 접근으로서 이런 삶의 태도를 지닐 수 있게 북돋워준다.

보살핌

Care

보살핌에 대하여

어른들의 보살핌을 받지 못한 채 자란 아이는 자신이 지닌 잠재능력을 제대로 발휘할
수 없다. 영유아기에 고립되어 키워져 타인과의 관계를 잘 맺지 못한 아이들은 나중에
많은 보살핌과 관심을 받는다고 해도 그러한 경험으로부터 온전히 회복되지 못한다.

안정된 가정생활

세상에 태어난 직후부터 아이는 자기 주변에 있는 사람들, 특히 엄마와의 관계에
몰두한다. 이 같은 강한 열의는 아이가 엄마 배 속에 있을 때부터 지녔던 정신적
경험과 연결된 것이다. 배 속의 아이는 바깥세상으로 나가고자 하는 의지를 갖고
있고, 바깥세상에 나와서는 바른 존재가 되고픈 바람을 품고 있다. 이 시기에 사랑
은 중요한 역할을 하고, 그 효과는 오래도록 영향을 미친다. 최근의 연구 결과에
의하면, 엄마와 친밀한 관계를 맺지 못했던 아이들의 대다수가 나중에 정신건강에
문제가 생긴다고 한다. 생애 첫 몇 년 동안 아이를 둘러싸는 사랑은 다른 무엇으로
도 대체할 수 없다.

아이는 있는 그대로의 모습으로 사랑받아야 한다. 아이가 이 같은 보살핌
과 관심을 경험하는 시간과 공간은 신체뿐 아니라 정서에도 영향을 미친다. 그
것은 뇌에 영향을 미치며, 다른 장기들에도 영향을 미친다. 아이가 신체적·

> "우리가 사람일 수 있는 것은
> 다른 사람들이 있기 때문이다."
>
> – 아프리카 속담

정서적으로 잘 자라기 위해서는 아이에게 필요한 것들에 엄마가 주의를 기울이고, 알맞은 방법을 찾아낼 수 있다는 것을 아이가 알아야 한다.

따라서 보살핌은 아이를 위해 안정된 가정생활을 꾸려갈 때 꼭 필요하다. '가정'이라는 개념에 대한 정의는 문화 및 상황에 따라 차이가 있겠지만, 아이에게는 아이가 전적으로 의존할 수 있는 따뜻하고 친밀한 관계를 제공해주는 충실한 어른이 필요하다. 가정에서 아이는 삶에 대한 자기만의 전망과 통찰력을 길러 나갈 수 있다. 달리 말하면, 엄마가 아이에게 신체적·정서적·정신적으로 주는 것들을 통해 아이가 건강하게 성장해 간다는 것이다.

균형 이루기

아이는 감정의 균형을 잡을 능력이 없기 때문에 스스로 해나갈 능력을 키우게 될 때까지는 어른에게 의존해야 한다. 불안과 스트레스, 두려움과 감정 박탈(발달 과정에서 적절하고 적합한 대인관계 및 환경적 경험을 박탈당하는 것 - 옮긴이)은 아이의 몸과 마음을 저하시키고, 아이가 훗날 그런 상황에 대처해나가야 할 때도 영향을 미치게 된다. 엄마가 자신의 감정을 잘 감지하고 그에 맞춰 반응한다면, 아이도 자신의 감정을 보다 조화롭게 융화시키는 법을 배우게 될 것이다. 우리가 지닌 균형 감각(심리적 균형과 정서적 균형 두 가지 다)으로 인해 우리는 살면서 맞게 되는 새로운 상황에 대처할 수 있고, 벅찬 일과 힘든 상황을 침착하게 처리해나갈 수 있는 것이다. 인생에서 가장 취약한 시기에 헌신적인 애정과 보살핌을 통해 균형 잡히고 안정된 환경에서 지내게 되면 아이는 그러한 능력을 스스로 발달시켜나간다. 모든 아이들에겐 태어날 때부터 보살핌과 배려에 대한 권리가 있고, 부모에겐 그것을 지켜줄 책임이 있다.

받아들이기와 모방하기

보살핌이란 엄마가 아이들의 요구를 들어주고 함께 시간을 보낸다는 의미다. 그렇게 함으로써 엄마는 아이들 자신이 장차 보살피는 부모로 성장할 수 있도록 도와주는 것이다. 현재 보여주는 엄마의 모습은 미래에 영향을 미친다. 아이와 함께 놀 때 엄마는 놀이에만 열중해야 한다. 엄마가 아이와 함께하는 것에 모든 관심을 기울이는 모습을 아이에게 보여주어야 한다.

아이는 자신의 주변에서 일어나는 일들을 감지하고 자신이 본 것에 반응한다. 아이는 타인과 일체감을 느끼려는 경향과, 타인에 의해 손쉽게 감정 변화를 일으키는 능력을 가지고 태어난다. 태어난 직후부터 아이는 얼굴 표정에 대해 인식하며, 생후 이틀이면 자신이 관찰한 다른 이들의 표정을 참고하여 스스로의 표정을 바꾸기 시작한다. 그런 까닭에 엄마 아빠가 짓는 미소나 찡그림은 그 파장이 크다. 아이의 감각이 발달함에 따라 이 능력이 미치는 범위 또한 넓어진다. 아이는 민감해서 자기에게 보이는 것들을 내면적으로도 모방하고 외적으로도 모방한다. 아이는 엄마가 하는 행동과 움직임, 엄마가 내는 소리와 엄마의 기분에 관심을 갖는다. 엄마가 매일 하는 일을 비롯한 아이가 관찰하는 모든 것들은 아이가 자라면서 차차 독립적인 행동을 하고 자기실현을 이루기 위해 필요한 사고력과 판단력의 기초가 된다. 아이는 어른의 신체적 행동만 인식하고 모방하는 것이 아니라 어른의 도덕적 행동과 사고 과정 또한 인식하고 모방한다. 이를 몰입이라고 표현하기도

하는데, 아이는 엄마 배 속에 있을 때 느꼈던 일체감을 추구하고자 하는 것이다.

루돌프 슈타이너는 저서 『아동교육』에서 아이가 처한 환경이 아이의 신체 및 정서 발달에 얼마나 중요한가에 대해 다음과 같이 지적하고 있다.

> 아이들은 가르침에 의해서가 아니라 모방을 통해서 배운다. 아이들의 신체 장기는 물리적 환경의 영향을 받아 형태를 갖추게 된다. 아이 주변에 바람직한 색채와 조명을 갖춰주어야 시력이 건강해질 수 있듯이, 아이가 주변에서 두뇌 및 순환계에 건전한 도덕관을 접할 때 건전한 도덕 감각의 신체적 기반이 발달할 수 있다.

놀이를 통한 보살핌

아이의 성장 발달에서 놀이는 특히 중요한 역할을 한다. 아이는 이미 엄마 배 속에 있을 때부터 다리를 꼼지락거리거나 손가락을 빨면서 놀이를 연습해왔다. 이 행동들은 움직임의 순수한 즐거움이 반영되어 있는 것으로, 아이는 이 행복이 태어난 뒤에도 이

놀이의 조절

아이와 놀 때는 거기에 몰두해야 한다. 놀이 활동의 결과가 중요한 것이 아니라 활동 그 자체가 중요하기 때문이다. 그러나 아이의 집중력이 지속되는 시간은 한계가 있기 때문에 세심하게 대처해야 한다. 아이가 놀이를 그만하려고 할 때는 거부라기보다는 건강하게 내부의 균형을 잡기 위한 것이므로 존중해주자. 초기의 놀이는 사회적 놀이로, 어른들도 그러하듯이, 아이들이 바람직한 집중도를 보이며 놀이에 다시 몰두하게 하기 위해서는 간격을 자주 두고 그때그때 놀이를 쉬도록 한다.

어지기를 기대한다.

　어른이니까 꼭 엄마가 놀이를 이끌어야 되는 건 아니다. 그보다는 엄마와 아이가 함께 만들어나가는 편이 바람직하다. 놀이를 하면 처음에는 사회성이 주로 발달하지만, 시간이 지나면서 점차 운동과 언어, 정신적 발달의 측면에서 효과가 나타난다. 그것은 훈련이나 연습의 차원이 아니라 함께하는 아름다운 인간의 한 모습이다. 어른으로서 엄마의 임무는 본보기가 되어주는 것과 놀이의 짝이 되어

주는 것, 놀이에 필요한 물건을 마련하고 안전하게 지켜주는 것이다. 이 네 가지는 엄마의 역할인 아이를 보살펴주는 행동들이다. 또한 엄마는 아이가 어떤 놀이를 하고 싶어하는지와 그것이 언제 바뀔지를 알아차려야 한다. 아이가 놀이를 즐기기 위해서는 엄마가 존중하는 마음을 가져야 하며, 아이 역시 그런 엄마의 모방을 통해 존중하는 법을 배우게 된다. 이러한 배려를 받은 아이는 엄마 없이 혼자서 놀 수 있게 될 때도 타인에게 배려를 베푼다. 엄마와 놀면서 안정을 경험한 아이는 자신이 여전히 엄마의 보살핌 안에서 보호받고 있음을 마음속으로 느끼기 때문이다.

반복과 역할 놀이

친밀도는 자존감을 높여준다. 어른들에게는 너무 많이 반복된다고 생각되어도 어린아이에게는 그것이 자양분이 되기에 아이들은 노래와 행동, 게임 등을 반복해서 하기를 좋아한다. 놀이에는 역할 맡기 측면의 성격도 있어서, 자라면서 아이는 다른 사람들 역시 자신의 생각을 지니고 있음을 알게 되고, 타인과 공감할 수 있게 된다. 엄마와의 놀이를 통해 아이는 자신의 체험이나 생각을 다른 사람의 그것들과 구별하는 법을 배운다. 아이가 자신감을 느끼기 위해서는 타인의 마음을 상상하고 공감할 수 있어야 한다.

아이는 자신을 대하는 엄마의 행동을 모방하려 한다. 그러므로 놀이를 할 때 아이가 돌봐주는 역할을 맡게 되는 동물이나 꼭두각시, 인형 같은 장난감들은 아이가 지닌 보살핌 본능을 발달시키는 데 도움이 된다. 이번 장에서 소개되는 장난감들은 매우 단순한 것들이다. 이 단순함 때문에 그것들은 오히려 아이에게 마음껏 가지고 놀 수 있는 장난감, 독특한 장난감, '살아 있는' 장난감이 될 수 있다. 엄마가 직접 정성과 사랑을 담아 이 장난감들을 만들어준다면, 그것들은 아이를 위해 특별히 만든 사랑이 배인 물건이 된다. 아이에게 자연의 자비로움과 아름다움에 대해 알려줄 때, 이 장난감들을 만드는 데 사용되는 재료들에 대해서도 생각해보게 하고, 나무와 식물과 흙과 동물들에 대해 생각하게 하자.

아이를 너무 몰아댄 것은 아닌지, 혹은 너무 내버려둔 것은 아닌지 파악하고 상황에 맞게 잘 대처해야 한다. 또한 아이의 몸짓과 표정을 잘 살펴서 아이의 욕구에 적절히 반응할 수 있어야 한다. 어른이 아이를 보살핀다는 것은 당연한 것이기도 하고 도덕적 차원의 것이기도 하다. 엄마가 보여주는 감정 반응은 아이가 타인들에게 보일 감정 반응의 기초가 된다.

동글이 인형

아이들에게 인형은 언제나 특별한 자리를 차지한다. 아이의 마음을 끌기 위해서는
닿았을 때의 느낌이 좋고, 아이가 어루만지고 껴안을 수 있는 인형이어야 한다.
그리고 무엇보다도 아이가 가족으로부터 받는 보살핌을 모방할 수 있는 인형이라야
한다. 따뜻한 가족관계 속에서 보살핌을 받은 아이는 자연스럽게 자기 인형을 보살필
줄 안다.

생후 3개월부터는 엄마가 사랑과 배려를 담아 직접 만들어주는 동글이 인형이야
말로 아이에게 제일 좋은 장난감이다. 엄마가 만들어준 인형은 만드는 과정에 엄
마의 사랑이 담기기 때문에 아이에게 특별한 가치를 느끼게 해준다. 이 시기의 아
이들 앞에서는 엄마도 아이를 다루듯이 존중하는 마음과 사랑을 담아 인형을 보살
펴야 한다.

인형은 만졌을 때 좋은 느낌을 주는 천연 섬유인 실크나 모슬린, 면으로 만드
는 것이 좋다. 아이들은 무엇이든 입으로 가져가기 때문에 쉽게 물빨래를 할 수 있
는 천이어야 한다. 아이에게 억지로 인형을 가지고 놀도록 강요하지 말고, 아이가
자연스럽게 인형을 가지고 놀 때까지 기다리자. 1930~70년대에 헝가리에서 소
아과 의사로 일했던 에미 피클러는 '나 스스로 발짝을 뗄 수 있도록 나를 도와주세
요'라고 하는 아이의 호소에 귀를 기울이는 것이 가장 바람직하다고 조언한다.

"인형을 통해 아이는 자아를 발견한다."

– 하이디 브리츠 크리셀리우스, 『어린이와 놀이』 중에서

우리 아이의 첫 인형

동글이 인형은 천을 묶어서 둥글게 머리를 만드는 인형인데, 가장 간단하게 만들 수 있는 인형이다. 아이는 고무젖꼭지에 애착을 느끼듯이 이 인형에 애착을 느끼고 항상 가지고 다니면서 입에 넣고 빨기도 할 것이다(이런 이유 때문에 인형에 머리카락을 붙이지 않는 것이 좋으며, 붙일 경우에는 빠지지 않도록 아주 단단하게 꿰매어 붙여야 한다). 인형을 너무 세밀하게 만들 필요는 없다. 옷이나 머리카락도 생략할 수 있다. 최대한 단순하게 만들어보자. 아이가 인형에서 '인간의 특성'을 인지하여 모방하며 놀기 시작하는 것은 좀 더 나중의 일이니까.

동글이 인형 만들기

네모난 정사각형 천 한 장만 있으면 인형 하나를 뚝딱 만들 수 있다. 면이나 타월, 실크 같은 보드라운 천으로 만들어보자. 자주 빨아야 한다는 점을 염두에 두어야 한다.

준비물
보드라운 천, 양모 솜*, 실 또는 털실, 바늘과 색실 또는 컬러펜, 재단용 가위, 인형 머리카락용 털실(선택사항), 화려한 색깔의 천(선택사항)
＊방적되지 않은 양모 솜은 사용하기 전에 손으로 부드럽게 잡아당기며 빗어서 뭉친 섬유조직들을 풀어준다.

❶ 보드라운 천을 정사각형으로 자른다. 만들고자 하는 인형의 크기를 감안하여 정사각형의 크기를 정한다. 갓난아이의 경우에는 인형의 크기를 작게, 큰 아이의 경우에는 좀 더 큰 인형을 만들어주는 것이 좋다. 잘라낸 정사각형을 대각선으로 접어서 삼각형 모양을 만든다.

❷ 가운데에 양모 솜을 집어넣어 인형의 머리를 만든다. 목 부분을 실이나 털실로 단단하게 묶는다.

❸ 얼굴이 될 부분은 주름이 잡히지 않도록 잘 편다. 색실이나 컬러펜으로 눈, 코, 입을 표현한다.

❹ 접힌 면의 양끝에 매듭을 짓거나 실 또는 털실로 묶어 손을 만든다. 원할 경우 인형 머리 부분에 털실을 붙여 머리카락을 만들어줄 수도 있다.

❺ 원할 경우 화려한 색깔의 천으로 인형의 옷을 만들어주거나 인형 머리에 스카프를 두르고 인형을 담요로 감싸줄 수도 있다.

폭신폭신 인형

남녀 상관없이 아이들은 자신들이 받는 보살핌을 재연할 필요를 느끼는데, 인형
놀이는 아이가 자애로운 부모로 성장해가는 데 도움이 된다. 자라면서 아이는 인형을
가지고 최초의 상상 놀이를 하게 된다. 단순한 인형을 가지고 놀수록 아이에게 베푸는
엄마의 보살핌을 모방하는 아이의 상상력은 훨씬 더 풍부해질 것이다.

살아 있는 인형

아이는 좀 더 형태를 갖춘 인형을 가지고 놀 때 자신의 변형을 대하듯이 인형을 다룰 것이다. 아이는 인형에게 옷을 입힐 수도 있고, 아이를 다루듯이 업거나 안을 수도 있고, 자리에 눕혀 자장자장 해주거나 맘마를 먹일 수도 있다. 또한 인형을 친구 대하듯 하기도 하고, 자신의 욕구 불만을 드러내기도 한다. 인형에게서 인간의 특성을 인지하기 시작하면 아이들에게 인형은 생명이 있는 존재가 된다. 여자 아이들은 인형을 가지고 엄마 놀이를 하면서 엄마의 행동을 흉내 내는 경우가 많은 반면, 남자아이들은 인형을 제2의 자신으로 만드는 경향이 있다. 이 시기에는 엄마가 아이의 인형을 특히 신경 써서 다루어야 한다. 아이가 가지고 노는 인형을 장난감통에 아무렇게나 던지지 말고, 인형이 아이에게는 '살아 있는' 존재임을 인정하고 존중해주도록 한다.

폭신폭신 인형을 만들 때는 얼굴을 단순하게 표현하자. 눈과 입은 만들어주어야 하지만, 아이가 가지고 놀 때 다양한 인간의 감정을 상상할 수 있도록 얼굴 표

> “인형은 인간의 이미지를 갖추고 있기 때문에
> 자라나는 아이의 자기 이미지를 키워주고 활기를
> 불어넣어 주기에 안성맞춤이다.”
>
> – 프레야 야프케, 『아이들과 함께 장난감 만들기』 중에서

정을 명확하게 만들지 않는다. 여기에 조그만 나무 숟가락과 그릇, 인형을 덮어줄 수건을 준비하면 놀이가 시작된다. 엄마가 아이를 대할 때처럼 인형을 대해주면, 아이의 마음속에서는 다정함과 보살핌의 마음이 자연스럽게 생겨날 것이다.

폭신폭신 인형 만들기

아래에 제시하는 치수는 준비된 재료와 만들고자 하는 인형의 크기에 따라 조정할 수 있지만,
전체적인 신체 비율은 지켜야 한다.

1 양모 솜을 지름 8cm 정도의 공 모양으
로 단단히 뭉친 후, 솜을 판판하게 펼쳐 그
위에 감싸 둥근 머리를 만든다. 남는 부분
은 실이나 털실로 묶고, 목 부분에 양모 솜
을 약간 남겨둔다.

2 네모난 흰색 면으로 머리 부분을 감싼
후, 실이나 털실로 묶는데, 이때도 여분의
양모 솜을 약간 남겨둔다.

3 머리에서 얼굴이 될 면을 정하여 주름
이 잡힌 데가 있으면 잡아 펴서 뒤로 넘기
고, 뒤통수 부분을 튼튼한 실로 묶고 바늘
땀을 넣어 고정시킨다.

4 피부색 면으로 머리를 팽팽하게 싼다.
천이 겹쳐지는 부분을 뒤통수 쪽으로 놓
고서 꿰맨다. 목을 튼튼한 실로 묶고 솔기
부분을 감침질한다.

5 피부색 천의 윗부분을 정수리 쪽으로
팽팽하게 잡아당긴 뒤 깔끔하게 꿰맨다.

6 파란색과 빨간색의 자수용 색실로 눈
과 입을 단순하게 표현한다. 머리 속으로
바늘땀을 두어 눈과 입을 수놓는다.

7 팔 부분은 먼저 18×26cm로 천을 자
른다. 천의 겉면끼리 마주 대고 세로로 반
으로 접는다. 접힌 면에 목 부분이 들어갈
작은 구멍을 그림과 같이 오려서 만든다.
그림과 같이 소매선을 꿰맨 뒤 겉면이 나
오도록 뒤집어놓는다.

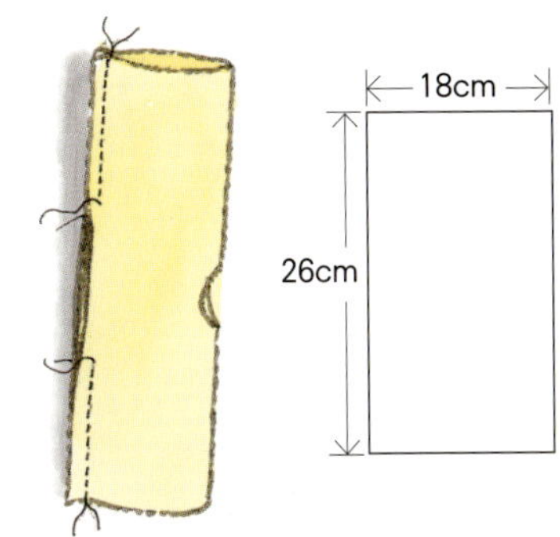

8 다리 부분은 팔 부분을 만들었던 것과
동일한 천을 32×24cm로 자른다. 천의
겉면끼리 마주 대고 가로로 접은 뒤, 긴 가
장자리를 따라 꿰매 튜브 모양을 만든다.

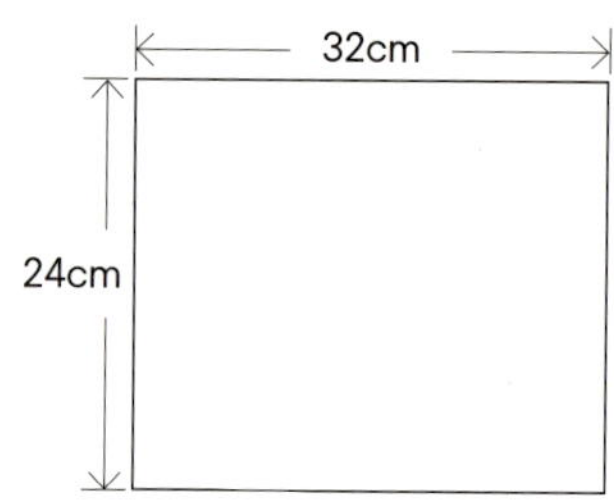

❾ 꿰맨 부분이 뒷면 가운데로 가도록 천을 옆으로 돌려 다시 접는다. 천 위에 다리 선을 그리고, 그림과 같이 죽 이어지게 홈질을 한다. 다리와 다리 사이의 부분은 시접을 약간 남기고 오려낸다.

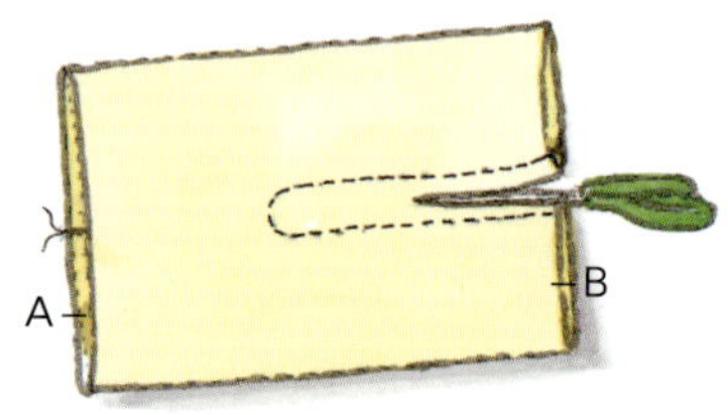

❿ 다리 가운데 부분을 다리미로 다릴 때처럼 선을 세워서 접고(A-B), 발뒤꿈치 쪽으로 완만하게 곡선이 만들어지도록 발 부분을 앞에서 뒤로 꿰맨다. 시접이 많이 남는 부분은 잘라내어 정리한 다음 겉면이 나오도록 뒤집는다.

⓫ 이제 인형의 각 부분을 이어 붙일 차례다. 머리 밑으로 있는 목을 팔 부분의 접힌 면에 있는 구멍 속에 잘 집어넣고 꿰매어 연결해준다. 머리 지름의 두 배보다 조금 짧은 길이로 솜을 뭉치고 흰색 면으로 싸서 배를 만들어 목 밑에 바느질해 달아준다. 이때 목 밑의 남는 천들은 면 안으로 집어넣는다.

⓬ 다리에 솜을 적당히 채워 넣은 다음 홈질을 해주고 잡아당겨 허리에 주름을 잡아준다. 속이 채워진 배 위로 주름 잡힌 허리를 당겨가며 배와 다리를 이어 붙인다. 이때 실을 팽팽하게 잡아당기며 다리와 배를 연결하여 꿰맨다.

⓭ 팔 부분에 솜을 적당히 채워 넣고, 천을 밑으로 잡아내려 허리선과 바지가 만나는 부분을 꿰맨다.

⓮ 손을 만들기 위해 피부색 천을 4×6cm로 자른다. 천의 겉면이 마주 닿게 가로로 반으로 접고, 아래 그림처럼 단순한 형태로 손을 그린다. 속에 솜을 집어넣어야 하므로 손목 쪽은 남기고 나머지 부분은 선을 따라 홈질한다. 마찬가지 방법으로 나머지 손도 만든다.

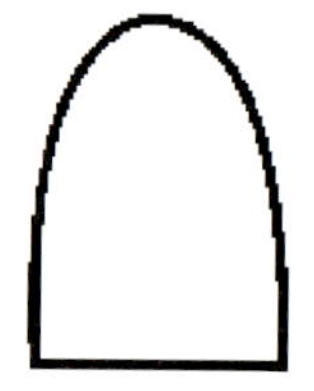

⓯ 소매 끝(손목) 부분을 홈질하고 잡아당겨 주름을 잡아준다. ⓮에서 만든 손을 뒤집어 겉면이 나오게 한 뒤 솜을 적당히 집어넣고 손목 끝에 꿰매어 붙인다.

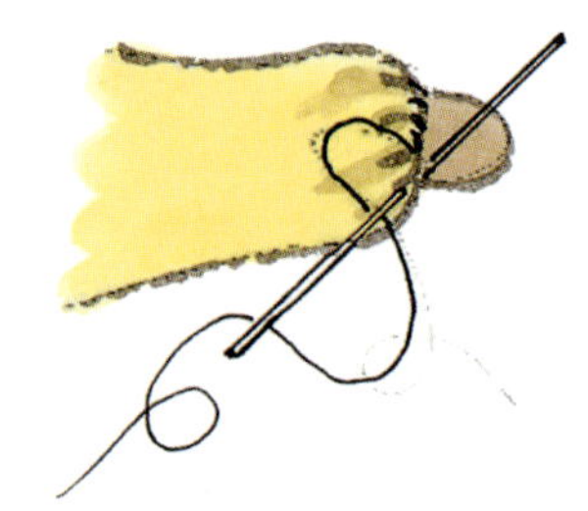

⓰ 머리에 털실을 튼튼하게 꿰매 붙여 머리카락을 만든다. 발목 주변에 홈질로 주름을 잡아 발 모양을 만든다.

재미있는 인형극 놀이

아이의 활동이 한층 활발해져 가면서 마룻바닥에서 놀 수 있게 된다. 여기에 소개하는
단순한 인형들은 아이가 타인과 상호작용을 해나갈 때 보다 창의적인 태도를 가질
수 있게 해줄 것이다. 이 인형들은 아이가 알아볼 수 있는 인물들로, 아이는 이들과
함께 놀면서 일체감을 느낀다. 이 인형들은 제대로 설 수도 있고, 살짝 집어 들 수 있을
정도로 푹신하며, 자리에 눕힐 수도 있고, 데리고 다니거나 안아줄 수도 있다.

역할 놀이

마룻바닥에 인형극 무대를 꾸미고, 인형 하나를 집어 들어 다른 인형에게 이야기
를 하게 해보자. 엄마의 놀이에 호기심이 생긴 아이는 곧 다가와서 엄마가 했던 대
로 인형을 집어 들고 엄마의 행동을 흉내 낼 것이다.

인형들은 '엄마', '아빠', '언니', '오빠' 식으로 불러도 좋고, 제대로 이름을 붙
여주어도 좋다. 이름을 붙인다면 인형을 언급할 때마다 동일한 이름을 써주어야
한다. 이렇게 하면 이름이 사람을 가리킨다는 것을 아이가 인지해나가는 데 도움
이 된다. 인형극 놀이용 인형들과 놀 때 아이는 인형을 진짜 사람처럼 여기고 보살
핀다. 아이의 놀이 속에서 인형극 놀이용 인형들은 진짜 사람이 되고, 아이는 자기
주변에서 있었던 일들을 놀이에 담아내기 시작한다.

엄마가 인형을 상대할 때는 그것이 진짜 사람이라고 믿는 것처럼 연기해야 한
다. 엄마가 인형을 상대로 과장되게 연기하면 엄마가 진짜로 믿는 게 아니라는 걸
아이는 금방 알아차리게 될 것이다. 상냥한 말투와 보살피는 태도를 아이가 모방
하게 된다는 것을 염두에 두자.

인형극 무대 꾸미기

인형극 무대 꾸미기는 어렵지 않다. 색깔 있는 천을 바닥에 깔고, 상자를 하나 준
비하여 바닥에 깐 천과는 다른 색깔의 천을 상자 위에 덮어 작은 집을 만들고, 울타
리나 블록(90쪽 참조)으로 정원과 경계를 지어주면 된다. 시골 농가를 꾸밀 경우에

는 초록색이나 갈색 천으로 들판을 만들고 파란색 천으로 연못을 만들어주자.

농가 주변의 가축들, 마당의 병아리들, 물가의 오리에게 먹이를 주는 등의 일상 활동들을 인형극 놀이로 해 보임으로써 우리가 서로를 어떻게 보살피는지를 보여줄 수 있다. 아이는 엄마의 놀이를 따라 하게 될 것이고, 얼마 안 가 아이의 상상력은 활기를 띠게 될 것이다. 아이는 동물들 옆에 사람 인형을 놓고 동물들을 '보살피려' 할 것이다. 공원에 나가서 아이가 오리에게 먹이를 주는 모습을 보았다면 아마 인형도 동물에게 먹이 주는 법을 알게 될 것이다.

인형극 놀이용 인형 만들기

아래에 소개되는 방법으로 인형극용 인형들을 다양한 크기로 만들어보자. 아래에 제시하는 치수는 본인이 원하는 인형의 크기에 따라 조정할 수 있지만, 인형의 전체적인 신체 비율은 지켜야 한다.

준비물

양모 솜, 머리카락용 양모 솜, 펠트 천, 피부색 면, 실 또는 털실, 바늘과 실, 피부색 및 머리카락 색과 조화를 이루는 색실, 가위, 두꺼운 종이, 핀(선택사항), 화려한 색깔의 천(선택사항)

❶ 양모 솜을 높이 4cm 정도의 공 모양으로 단단히 뭉치고 판판한 솜으로 감싸서 인형 머리를 만든다. 아랫부분을 실이나 털실로 묶는다. 목 부분을 제대로 받칠 수 있도록 솜을 아랫부분에 약간 남겨둔다.

❷ 머리 부분을 피부색 면으로 팽팽하게 싸는데, 면 조직의 결이 세로 방향이 되도록 한다. 천이 겹쳐지는 부분은 뒤통수 쪽으로 돌려서 꿰맨다.

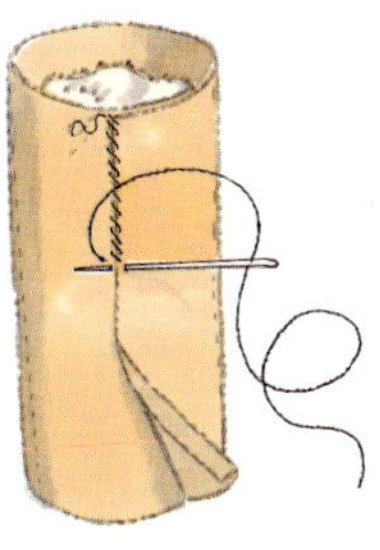

❸ 피부색 천의 윗부분을 정수리 쪽으로 팽팽하게 잡아당긴 뒤 깔끔하게 꿰맨다. 머리 아래쪽을 실로 묶어 목을 만들어준다.

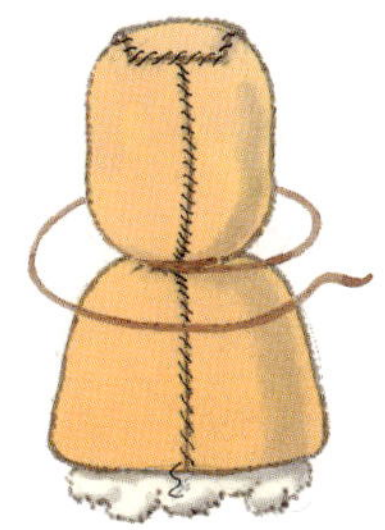

❹ 자수용 색실로 눈과 입을 수놓되 단순하게 표현한다. 시침핀을 꽂아 위치를 표시해두고 수놓아도 된다.

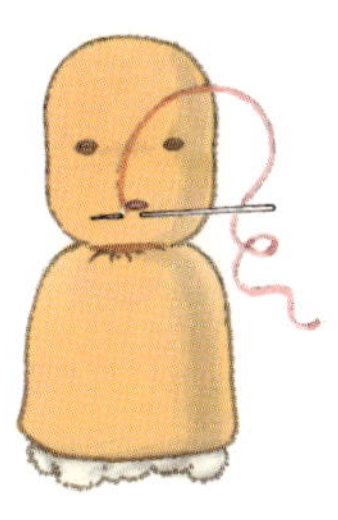

❺ 몸통은 펠트 천을 9×14cm로 자른 다음, 길이가 짧은 면을 세로로 하여 원통 모양으로 말고 가장자리를 꿰맨다. 원통을 뒤집어 솔기가 안으로 가게 한다. 원통의 바닥 지름에 맞춰 두꺼운 종이를 동그랗게 오리고, 이보다 약간 더 크게 펠트를 동그랗게 오린다.

❻ 펠트로 된 원통의 윗부분을 홈질하고 잡아당겨 주름을 잡아준다. 원통과 머리를 꿰매 붙여준다.

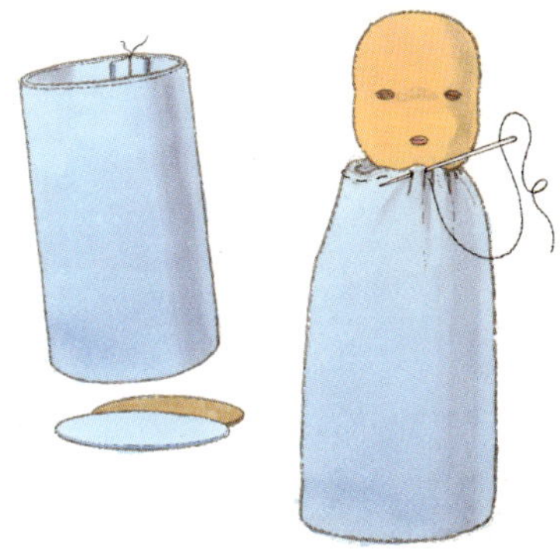

❼ 펠트로 된 몸통 속에 양모 솜을 집어넣되 너무 빽빽하게 채우지 않는다. 두꺼운 종이로 만든 동그라미를 밑에 깔고 펠트로 만든 동그라미를 겉에 덮은 다음 깔끔하게 꿰매 몸통의 바닥을 만든다.

❽ 머리카락용 양모 솜을 인형 머리에 꿰매 붙여 머리카락을 만든다.

❾ 화려한 색깔의 천으로 인형의 옷을 더 만들어줄 수도 있다.

아기자기 벽걸이 주머니

5~6세 정도의 아이에게 적합한 인형의 집 대신에 벽걸이 주머니를 만들어주자.
아이는 벽걸이 주머니를 장난감들의 집으로 여길 것이다. 아이는 물건들을
집어넣었다가 도로 꺼내기를 아주 좋아하는데, 이를 통해 모든 것에는 제자리가
있다는 것을 알게 된다.

상상 놀이

부모들은 아이들이 장난감을 정리 정돈하는 법을 익히게 되기를 바란다. 자고 나면 깨어나듯이 놀이 뒤에는 정리가 뒤따라야 한다. 장난감을 장난감 집에 보관하고 있다가 놀 때 꺼내는 방식으로 아이의 장난감들을 보살펴주면, 아이에게 그 보살핌의 가치가 전해지고, 모든 것은 사랑과 존중의 마음으로 대해야 한다는 것이 전달된다. 아이들은 정돈된 상태를 좋아하며, 모든 것이 제자리에 있을 때 안정감을 느낀다.

여기 소개되는 벽걸이 주머니를 만들어서 주머니별로 장난감을 구분하여 넣어주면 아이도 엄마의 행동을 금세 따라 하게 될 것이다. 인형극 놀이용 인형은 집 모양의 주머니에 넣어주고, 오리 인형은 연못 모양의 주머니에, 동물 인형들은 가축우리 모양의 주머니에 넣어주자. 아이는 아직 추상적인 상징물은 인지하지 못하므로 처음에는 제 주머니에 맞춰 넣지 못할 것이다. 실제 오리는 물가에서 놀고, 사람은 집에서 산다는 것을 알게 되어야만 추상적인 상징물을 인지할 수 있기 때문이다. 각 장난감별로 주머니를 정하여 엄마가 주머니마다 이름을 정해 이를 알려주면서 아이와 함께 꺼내보자. 어느 정도 지나면 아이의 상상력이 발동하면서 벽걸이 주머니는 보관의 기능뿐 아니라 놀이의 기능도 하게 될 것이다.

노래 활용하기

쉬운 노랫말로 정리 정돈에 대한 노래를 만들어 정리 정돈을 할 때마다 아이에게 불러주자. 가령, 동요 《작은 별》의 음에 맞춰 다음의 노래를 부를 수 있다.

정리 정돈 할 시간
정리 정돈 해봐요.
이건 이리 치우고
저건 저리 넣어놓고
정리 정돈 잘해요.
정리 정돈 다 했네.

엄마가 정리에 앞서 노래를 부르기 시작하면 장난감들을 정리할 시간이 왔음을 아이에게 알려주는 신호가 되어줄 것이다.

벽걸이 주머니 만들기

상상력을 한껏 발휘하여 벽걸이 주머니를 만들어보자. 아이가 알아볼 수 있는 그림과 무늬를
선택하고 주머니 속에 들어갈 물건을 알 수 있게 특징을 살려 꾸며주자.

준비물

바탕으로 쓸 두툼한 단색 천, 펠트
천과 헝겊, 바늘과 색실, 두꺼운 털
실, 줄자, 재단용 가위, 막대기 2개,
기름종이, 연필, 단추와 비즈, PVA
접착제, 커터칼 또는 톱

❶ 바탕천을 60x90cm 크기로 자른다.

❷ 먼저 양옆 가장자리를 접어서 감침질
한다. 위쪽과 아래쪽 가장자리는 막대기
가 들어갈 공간을 두고 접은 다음 감침질
한다.

❸ 기름종이에 벽걸이 도안을 그린다. 실
용적이고 색깔 고운 주머니를 여러 개 배
치한다. 바탕천 위에 기름종이를 올려놓
고 전체적인 조감을 해본다.

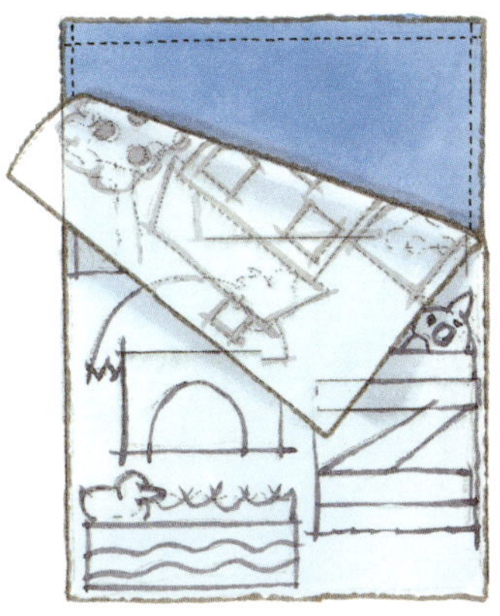

❹ 기름종이를 바탕으로 색색의 펠트 천
과 헝겊에 각 주머니들을 디자인한다. 주
머니는 장난감이 충분히 들어가는 크기여
야 한다.

❺ 주머니를 바탕천에 꿰매어 붙이고 그
위에 장식을 꿰매 붙이거나 풀을 발라 붙
인다.

❻ 막대기 두 개를 커터칼이나 톱으로 벽
걸이 가로 폭보다 2cm 더 길게 자른다.

❼ 위쪽 막대기의 양끝에서 1cm 정도 떨
어진 곳에 커터칼로 홈을 판 뒤 벽걸이 위
쪽 공간에 집어넣어 통과시킨다.

❽ 벽에 매달기 위한 고리를 만든다. 두꺼
운 털실을 꼬거나 땋아서 만들어보자. 길
이는 1m 정도가 적당하다.

❾ 위쪽 막대기에 파놓은 홈에 맞춰 끈을
묶어 단다. 여기에 접착제를 덧바를 수도
있다.

흔들흔들 인형 침대

적당한 흔들림은 엄마 품속 같은 편안함을 느끼게 해준다. 동글이 인형이나 폭신폭신 인형(22쪽, 26쪽 참조)을 흔들어주는 일은 아이에게도 즐거운 일이다. 인형을 눕히고 흔들어줄 흔들 인형 침대를 만들어주면, 아이는 놀이의 일환으로 어느 곳에서나 인형을 눕히고 재울 수 있게 된다.

적절한 보살핌

흔들흔들 인형 침대를 의자나 식탁 다리 또는 책장이나 아이 침대에 매달아줄 수도 있고, 정원이나 바닷가에 가지고 나갈 수도 있다. 다른 환경 속으로 인형 침대를 가져오면 아이는 자유롭게 인형 놀이를 하게 될 것이다. 가령, 인형 흔들침대를 인형을 담아 가지고 다닐 바구니나 배낭으로 쓸 수도 있고, 그밖에 여러 가지로 변형시킬 수도 있다.

아이에게 인형 흔들침대를 가지고 노는 법을 알려줄 때 엄마는 진짜 아이를 보살피듯이 인형을 대해야 한다. 인형을 덮어줄 수 있게 인형 이불도 한 개 준비하자. 인형 이불은 헌옷을 잘라서 만들 수도 있고, 뜨개질로 만들 수도 있는데, 아이에게 만들어주는 다른 장난감들과 마찬가지로 인형 이불 역시 가장자리 시접을 깔끔하게 손질해야 한다.

인형을 흔들침대 위에 잘 눕히고 이불을 덮어준 뒤 자장가를 불러주자. 아래와 같은 전래 자장가도 좋을 것이다.

자장자장 우리 아기, 잘도 잔다 우리 아기.
꼬꼬닭아 울지 마라. 멍멍개야 짖지 마라.
우리 아기 예쁜 아기, 우리 아기 착한 아기.
자장자장 잘 자거라. 소록소록 잘 자거라.

자장가 가사를 잘 모른다고 해서 걱정할 필요는 없다. 아이들은 노래 가사에 대해 따져 묻지 않고, 엄마가 불러주는 리듬에 맞춰 스르르 잠든다. 얼마 지나면 아이 스스로 노래를 부르거나 잠자리에 들 때 엄마에게 불러달라고 조르게 된다.

아이 인형을 침대에 눕히는 것은 보살핌을 보여주는 멋진 방법이며, 엄마가 아이에게 하듯이 인형에게 애정을 보인다면, 아이가 인형을 대하는 태도에서도 큰 차이를 보이게 될 것이다. 나아가 아이는 다른 아이들을 대하는 태도에서도 보살핌의 자세를 보여주게 될 것이다.

흔들흔들 인형 침대 만들기

모슬린이나 면같이 가벼우면서도 튼튼한 천으로 만들자. 막대기의 길이가 너무 길지 않고
천에 주름이 적당히 잡혀 있으면 좀 더 폭신하고 안정된 침대를 만들 수 있다.

❶ 커터칼이나 톱을 이용해 막대기를 각
각 40cm 길이로 자른다. 자른 막대기를
사포로 문질러 거친 면을 다듬는다.

❷ 모슬린 천을 50x80cm 크기로 자른
다. 보다 튼튼하게 만들고 싶다면 가로나
세로 중 한 면을 두 배 길이로 자른 뒤 반으
로 접는다. 양쪽 세로 면의 가장자리를 감
침질한다.

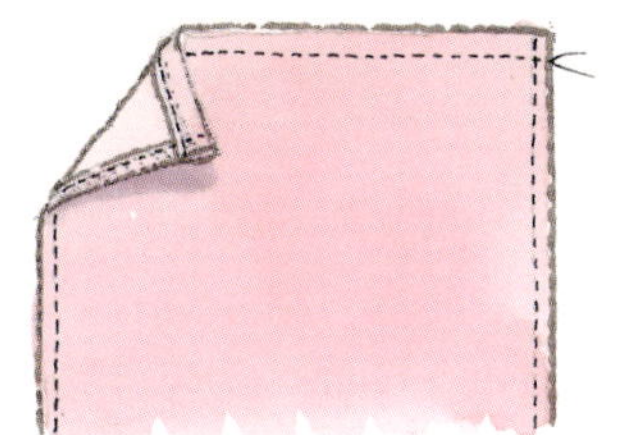

❻ 막대기에 파놓은 홈에 맞춰 끈을 묶어
단다. 여기에 접착제를 덧바를 수도 있다.
천의 가로 면은 살짝 주름이 잡혀야 한다.

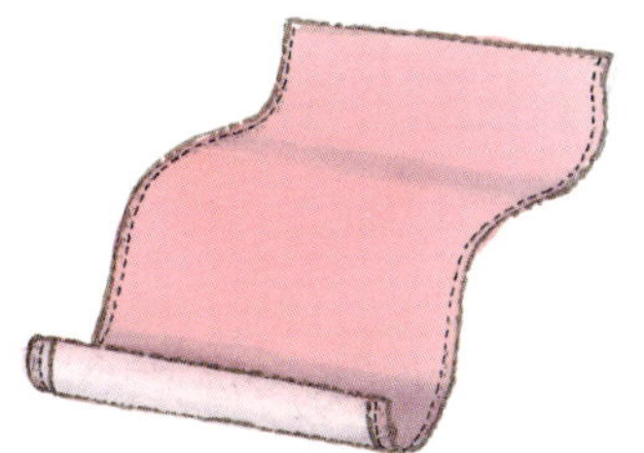

❸ 가로 면의 양끝에 막대기가 들어갈 정도
의 여유를 두고 가장자리를 감침질한다.

❹ 막대기의 양끝에서 1cm 정도 떨어진
곳을 커터칼로 홈을 판 뒤 가로 면의 양쪽
끝에 막대기를 집어넣는다.

❺ 인형 침대를 매달 때 쓸 끈을 두 개 준비
한다. 두꺼운 털실을 꼬거나 땋아서 길이
55~60cm 정도의 끈을 만든다.

꼬꼬댁 엄마닭 인형

시골 생활을 접해보지 못한 요즘 아이들은 실제로 동물들을 보기 전까지는 동물들의
행동을 상상하거나 동물들을 파악하고 구분하는 일도 쉽지가 않다. 엄마는 아이에게
동물을 소재로 한 노래를 불러주면서 아이가 동물들을 알 수 있게 도와줄 수 있다.
24개월 무렵이 되면, 아이는 여러 동물들에 대한 단순하고 반복적인 이야기들을
이해하게 된다.

동물 농장

여기 소개되는 *꼬꼬댁 엄마닭 인형*은 시골의 가축들을 소개하기에 좋은 소재
다. 아이들은 엄마닭과 아기병아리가 내는 '꼬꼬 삐악삐악' 같은 소리들을 흉내
내기 좋아한다. 아이가 처음 엄마닭 인형을 접할 때는 여느 봉제인형을 접할 때처
럼 끌어안으며 놀 것이다. 그것이 닭이라는 것을 아이가 인지하기에는 너무 이르
다. 인형에게 '엄마닭'이라고 불러주고 '꼬꼬' 소리를 내면서 아이에게 그것이 보
들보들 양 인형(48쪽)과는 다르다는 것을 알게 하자.

가족의 개념

엄마닭의 친구 인형과 병아리 인형을 몇 개 더 만든다면, 엄마닭과 이모닭은 다 함
께 아기병아리들을 돌봐줄 수 있다. 펠트의 색깔을 다르게 하고, 머리 위에 올리는
볏의 크기를 약간 더 크게 하며, 턱 밑에 볏을 하나 더 달아주면 아빠닭도 만들 수
있다. 아이는 어른들이 아이들을 보살피는 화목한 가족의 모습을 떠올릴 수 있고,
이는 아이가 안정감을 느끼는 데에도 도움이 된다.

조개껍데기에 펠트 부스러기 조각이나 빵 부스러기를 담아 엄마닭과 병아리
들이 먹을 모이 그릇을 만들어볼 수도 있다. 이렇게 하면 아이는 병아리들이 모이
를 먹을 때 하는 행동들을 상상할 수 있고, 이를 자신과 연관 지을 수도 있다.

더 나아가 꼬꼬댁 가족을 위한 시골 농가를 연출할 수도 있다. 인형극 놀이용
인형들(32쪽)과 닭 우리(90쪽의 블록과 울타리 참조) 안에서 모이를 먹는 엄마닭과

- 볏은 자칫 아이가 씹어 삼키지 않도록 튼튼하게 바느질해 달아야 한다.
- 엄마닭의 몸판은 밝은 갈색의 펠트 천으로 만든다.
- 닭의 날개 역시 몸판과 같은 색을 쓰거나 비슷한 색으로 만든다. 서로 다른 색들이 너무 많이 들어가지 않도록 한다.
- 엄마닭이 보살필 아기병아리들은 노란색 펠트 천으로 만든다.
- 외출할 때는 엄마닭의 목에 끈을 달고 유모차에 잘 묶어서 데리고 나간다.

병아리들로 꾸며보자. 모이를 조개껍데기 그릇에 담고, 이를 먹기 위해 엄마닭과 아기병아리들을 모이게 하여 '식사 시간'을 연출해보자. 이를 통해 밥 먹는 시간이 되었을 때 사람도 동물도 식사하는 곳에 모여야 한다는 인식을 아이에게 심어줄 수 있다. 이러한 놀이들은 동물을 보살피는 일도 서로를 보살피는 일만큼 중요하다는 것을 보여준다.

꼬꼬댁 엄마닭 인형 만들기

아이가 편안하게 안을 수 있도록 아담한 크기로 엄마닭 인형을 만들어보자. 아래에 소개하는
엄마닭 인형의 가로 크기는 12cm 정도다. 바느질을 마친 후 푹신하게 속을 채워 넣자.

❶ 종이에 닭 모양을 그려 본을 만든 뒤,
모양에 맞춰 갈색과 빨간색 펠트 천을 오
린다. 몸판과 날개는 각각 두 장을 준비하
고 볏은 한 장을 준비한다.

❷ 몸판에 날개를 꿰매어 붙인다. 날개가
양면의 같은 위치에 오도록 한다. 빨간 색
실을 써서 버튼홀 스티치(블랭킷 스티치)
로 날개를 붙인다.

❸ 두 장의 몸판을 버튼홀 스티치로 마주
붙인다. 두 장의 몸판 사이에 빨간색 펠트
로 된 볏을 꿰매 단다. 속을 채워 넣을 구
멍을 꽁지 부분에 남겨둔다.

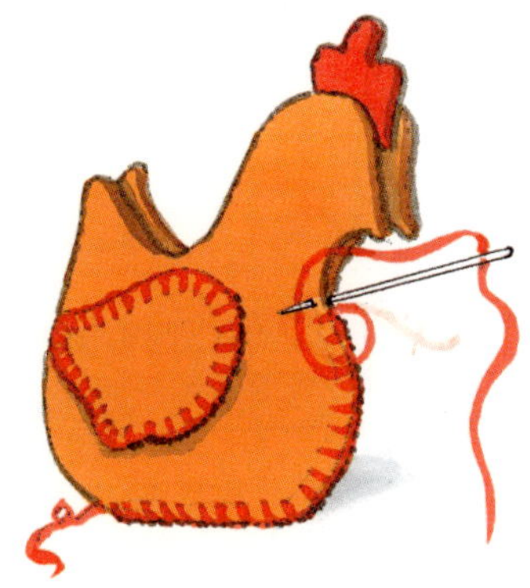

❹ 닭을 세울 수 있도록 밑 부분에 두꺼운
종이를 집어넣고 속에 양모 솜을 채워 넣
는다.

❺ 꽁지 부분을 꿰맨다. 까만 색실로 얼굴
양옆에 눈을 만들어준다.

보들보들 양 인형

양 인형은 엄마가 아이와 놀기 위해 만드는 인형들 중 처음으로 등장하는 손뜨개
인형이다. 아이가 이와 같은 단순한 장난감들을 가지고 놀 수 있는 방법은 여러 가지가
있다. 잠자리에서 인형을 끌어안을 수도 있고, 기어가는 법을 배울 때 아이와 함께
있을 수도 있고, 인형극 놀이에 등장시켜 상상력을 발휘하게 할 수도 있다.

아이들에게 노랫말에 양이 등장하는 노래를 불러주면, 양이라는 동물을 알게 된
다. 아이의 손가락을 움직여주며《목장의 노래》같은 노래를 불러보자. 잘 알려진
동요인《아기 염소》의 노랫말을 '아기양'으로 살짝 바꾸어 불러보는 것도 좋을 것
이다. 따뜻한 봄에 아이를 데리고 양을 키우는 목장에 찾아가 풀밭에서 뛰노는 새
끼 양들을 구경시켜주는 것은 어떨까. 아이들은 자신들과 같은 젖먹이인 새끼 양
들을 보면서 동질감을 느끼게 될 것이다.

안정감

아이들은 양이나 오리, 병아리 같은 가축들을 좋아한다. 엄마양과 아기양을 만들
어서 엄마가 아이를 돌보듯이 엄마양이 아기양을 돌보는 장면을 연출해보자. 언
제나 아이들을 돌봐주는 어른의 이미지에 아이는 친근감을 느낀다. 엄마와 아기
양 놀이를 보여줄 때 엄마는 아이가 가족관계에서 안정감을 많이 느낄 수 있도록
아이의 생활을 반영해보자. 세상 속에서의 자신의 위치를 알 때 아이는 해방감과
안정감을 느낀다.

인형극 놀이

인형극 놀이를 할 수 있는 시기가 된 아이는 엄마와 함께 인형극 무대를 꾸미는 걸
좋아한다. 색깔이 다른 보드라운 천들을 사용해 풀밭과 개울을 꾸미고, 솔방울로
나무를 만들고, 가리비 껍데기로 양들이 마시는 물을 담는 통을 만들어보자. 나무

울타리(90쪽 참조)로 목장 울타리를 꾸미고, 인형극 놀이용 인형(32쪽)들을 목동 가족으로 꾸며서 목장의 가축들을 보살피게 하자. 이것은 아이의 상상력을 키우는 데 도움이 될 것이다. 그리고 아이는 자신의 경험을 포함하여 자기 주변에서 본 것들에 대해 재연하기 시작할 것이다.

보들보들 양 인형 만들기

다음에 소개된 뜨개질 방법으로 커다란 양, 중간 크기의 양, 조그만 양을 만들 수 있다. 속을 채우는 과정에서 양의 모양이 제대로 나오도록 다듬어주자.

준비물

양모 솜, 털실, 뜨개질용 대바늘(3~3.5mm) 2개, 연필, 가위

❶ 다음의 그림을 따라 가터뜨기로 양 인형의 몸판을 떠보자. 커다란 양을 만들 때는 첫 번째 나온 숫자를 코 수로 하고, 중간 크기의 양을 만들 때는 두 번째 나온 숫자를, 조그만 아기양을 만들 때는 세 번째 나온 숫자를 코 수로 하여 뜨면 된다.

코마무리

26(20, 12)단

9(7, 5) 코마무리   9(7, 5) 코마무리

12(10, 8)단

5(4, 3)코 만들기   5(4, 3)코 만들기

5(4, 3)코마무리   5(4, 3)코마무리

16(14, 12)단

12(10, 8)단

38(26, 20) 코 만들기

❷ 커다란 양을 만들 경우: 처음에 38코를 만들어 12단을 뜬 뒤, 다음 단의 시작과 끝에서 5코를 코마무리하여 총 16단을 뜨고, 다음 단의 처음과 끝에서 5코를 새로 만들면서 총 12단을 뜨고, 다음 단의 시작과 끝에서 9코씩을 코마무리하면서 총 26단을 뜬 뒤 코를 막아서 끝낸다.

❸ 다리는 위아래 절반씩 접어 올려 맞붙여 꿰매고, 양모 솜을 연필로 눌러가며 속을 빽빽하게 채운다.

❹ 양의 몸판을 세로로 접어 커다란 원통 모양이 되게 꿰맨다. 양의 머리나 엉덩이 쪽으로 속을 채워 넣으면서 양의 모양이 제대로 나오도록 만져준다. 속을 채워 넣되 다리 속을 채울 때처럼 빽빽하게 채울 필요는 없다. 속이 다 채워지면 엉덩이 쪽을 꿰맨다.

❺ 이제 양의 머리를 만들 차례다. 그림의 A부분을 꿰매고, 이어서 B와 C 사이를 적당히 주름 잡히게 꿰맨다. 코와 머리 형태가 나오도록 실을 약간 당겨준다. 틈을 약간 남겨서 속을 집어넣은 후 마저 꿰맨다.

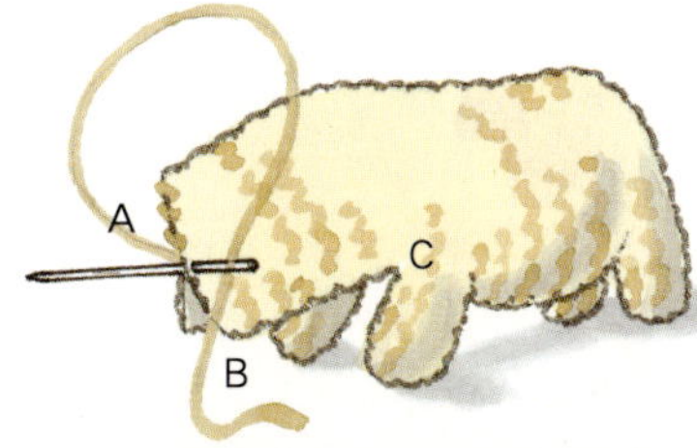

❻ 털실을 꼬거나 땋아 꼬리를 만들어서 달아준다.

❼ 다음의 그림을 따라 가터뜨기로 양 인형의 귀를 만들자. 커다란 양의 귀를 만들 경우에는 첫 번째 나온 숫자를 기준으로 하고, 중간 크기의 양 또는 조그만 아기양의 귀를 만들 경우에는 두 번째 나온 숫자를 기준으로 하여 떠주면 된다.

커다란 양의 귀를 만들 경우: 처음에 4코를 만들어 2단을 뜬 뒤, 다음 단의 양끝에서 1코를 새로 만들어 총 5단을 뜨고, 다음 단의 시작과 끝에서 1코씩을 코마무리한 뒤, 코를 막아준다.

코마무리

1(1)코마무리   1(1)코마무리

5(3)단

1(1)코 만들기   2(2)단   1(1)코 만들기

4(2)코 만들기

❽ 같은 방법으로 귀를 한 개 더 만든 뒤 두 개의 귀를 머리 양옆에 달아준다.

복슬복슬 병아리

털방울은 쉽고 재미있게 만들 수 있다(96쪽 참조). 털방울을 다양한 크기로 준비하여
여기에 소개하는 복슬복슬 병아리를 비롯해 여러 동물들을 만들어보자. 털방울에
부리와 눈을 붙여주면 병아리 모양이 완성되는데, 사실 아이들에게 병아리라는
존재를 알려주기 위해 추가적으로 더 꾸밀 필요는 없다.

정체 파악하기

작은 털방울과 큰 털방울을 한데 붙이기만 하면 병아리가 만들어진다. 병아리의
몸짓을 흉내 내고 삐악삐악 소리를 들려주며 병아리에 대해 알려주면 아이는 금세
병아리라는 존재를 알게 된다. 아이가 병아리를 쉽게 들어 올릴 수 있도록 아담한
크기로 만들자. 아이들은 병아리 인형의 보드랍고 폭신폭신한 느낌을 좋아하고
자기 얼굴 앞으로 가져가기를 좋아한다. 때문에 꿰맨 곳이 뜯어지거나 달아맨 부
분이 떨어지는 일이 없도록 만들어야 한다. 가능하다면 아이에게 진짜 병아리를
보여주자. 아이들은 보송보송한 이 어린 것들과 신나는 교류의 시간을 가질 것이
다. 이 조그만 피조물이 얼마나 연약한 존재인지를 알게 되면, 아이는 병아리들을
다룰 때 살살 조심스럽게 다뤄야 한다는 것을 이해하게 된다.

> "아이들이 노는 것을 보면, 아이에게는 시골집 마당에서
> 여러 동물들과 함께 있는 자신의 모습을 상상하는 것이
> 얼마나 쉬운지를 알 수 있다."
>
> – 프레야 야프케, 『아이들과 함께 장난감 만들기』 중에서

상상 놀이

엄마가 아이에게 만들어주는 동물 인형들, 즉 복슬복슬 병아리나 꼬꼬댁 엄마닭 인형(44쪽), 보들보들 양 인형(48쪽)의 크기들이 모두 다르다는 것을 걱정할 필요는 없다. 그것은 아이에게는 문제가 안 된다. 아이들은 감각 체험과 장난감들이 선사하는 상호작용의 기회에 더 흥미를 갖는다. 이는 바로 상상 놀이를 강화시켜 주는 것이기도 하다.

복슬복슬 병아리 만들기

크기가 다른 두 개의 털방울로 간단하게 병아리 인형을 만들 수 있다. 색깔과 치장을 조금씩
다르게 하여 온갖 동물 인형들을 만들 수 있다.

❶ 털방울 만드는 법(99쪽 참조)에 따라 복슬복슬한 노란색 털방울 두 개를 만든다. 큰 털방울로는 병아리의 몸을 만들고, 작은 털방울로는 머리를 만든다.

❷ 작은 털방울과 큰 털방울을 연결해 붙인다. 노랑 색실을 써서 털방울의 중심부를 관통하여 단단히 꿰맨다.

❸ 주황색 펠트를 조그만 다이아몬드 모양으로 오리고 반으로 접어서 부리 모양을 만든 뒤 주황 색실로 꿰매어 붙인다. 털방울 속으로 깊게 바늘을 집어넣고 실을 꼭꼭 잡아당겨가며 꿰맨다.

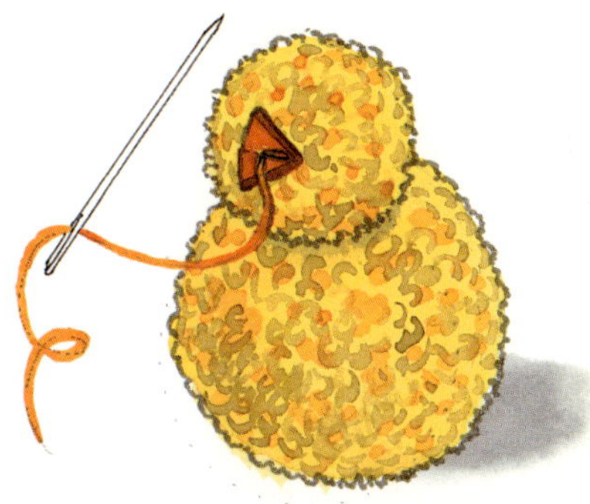

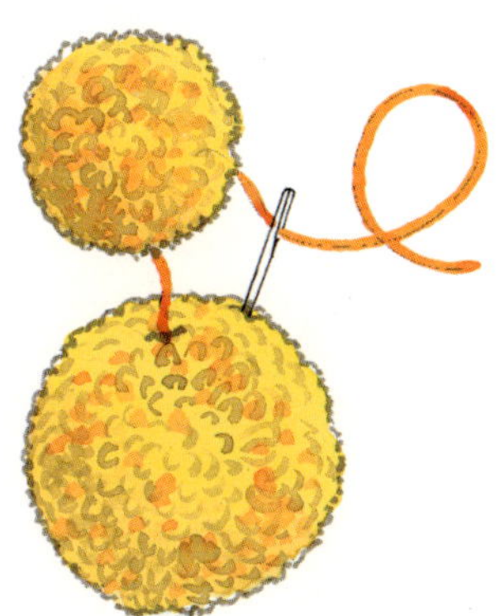

❹ 갈색 색실로 두 개의 작은 점을 꿰매 병아리의 눈을 만든다.

자각
Awareness

자각에 대하여

아이의 감각은 대단히 민감하기 때문에 아이는 주변으로부터 상처를 받기 쉽다.
부적절한 조명, 갑작스런 움직임, 지나친 소음, 시끄러운 기계 소리, 차량의 북적임
같은 것은 어른들의 생활에는 늘 있어온 부분이지만 자라나는 과정에 있는 민감한
아이들에게는 조금도 유익하지 못하다.

감각의 발달

어른들과는 다른 현실 세계에 사는 아이를 엄마가 완벽하게 보호해줄 수는 없을
것이다. 그러나 최소한, 곱고 반복적인 노래와 단순한 놀이, 친근한 이야기들을 활
용하여 아이를 달래줄 수 있고, 빠른 속도로 돌아가는 현대 사회의 안 좋은 결과들
로부터 아이를 보호할 수는 있다. 아이의 감각이 어느 정도 발달하게 되면, 제 나
이에 맞는 방법으로 사회를 다루고 식별하는 법을 배우게 되는 때가 온다. 아이가
어릴 적부터 성인들의 세계에 길들여져야 할 필요는 없다. 그럴 기회는 나중에 얼
마든지 온다.

아이의 감각을 자극시켜 튼튼하게 자라게 하여 나중에 힘들고 안 좋은 일을
겪게 될 때 대처해나갈 수 있는 내공을 키워주기 위해서는 감각 발달의 특성을 잘
살펴보아야 한다. 어릴 적 자기 인식의 발달은 아이의 감각 발달 및 체격 발달과
밀접한 관련이 있다. 각 감각별로 성장해가는 양상에는 차이가 있지만, 대체로 유
치원 다닐 시기에 가장 많이 성장한다. 이는 놀이를 할 때 잘 드러난다. 감각은 아
이 시절에 주로 발달하는 신체와 관련되어 있는데, 자아를 경험할 수 있도록 이끌

"모든 것은 관계로 시작된다."

– 마르틴 부버, 『나와 너』 중에서

움직임의 역할

자기 인식을 위한 첫걸음은 운동 감각으로부터 나온다. 아이는 자신의 움직임을 감지하고 자신의 움직임에 마음을 빼앗긴다. 아이에게 그것은 대단히 인상적인 경험이어서 움직임을 계속 반복하고 싶어하고, 자기 몸을 다스리기 위해 노력한다. 이때 엄마는 아이를 목적 있는 활동으로 유도하면서 아이가 자신의 움직임을 즐길 수 있도록 부추겨주는 것이 좋다. 그러나 이때 아이를 위해 놀아주는 식이어서는 안 된다. 이는 아이를 수동적인 입회인으로 만드는 행위다. 그보다는 아이와 함께 놀아야 한다. 이는 아이의 움직임에 대해 엄마가 반응을 보이는 행위인 것이다. 놀이를 할 때 아이를 달래는 사람이 우선이 아니라 아이를 발달시켜나가는 사람이 우선이 된다. 전기로 움직이는 장난감은 피하는 게 좋다. 이런 장난감들은 일시적으로 관심을 끌수는 있지만, 아이의 발달에 적합하지 않을 뿐만 아니라 아이가 창의적으로 방향을 잡는 데에도 방해가 되기 때문이다.

어주는 감각과, 감정과 관련된 감각들, 사고와 관련된 감각들, 이렇게 세 가지로 분류해볼 수 있다.

주요 감각들

아이가 지닌 주요 감각들 중 하나는 촉각이다. 사랑이 담긴 신체 접촉을 자주 해주면 아이는 안정감을 느끼고 자기 몸에 대해 인식하게 된다. 이 시기에 아이에게 어떻게 접촉이 이루어지는가는 나중에 아이의 신뢰 능력에 영향을 미친다. 어릴 적에 신체적 학대를 받으면 아이의 심리에 좋지 않은 영향을 미치게 된다. 신체적 접촉이 잘 이루어지지 않을 경우에도 악영향을 미친다. 반면 적절한 접촉은 치료 효과가 있으며, 몸과 마음을 보다 건강한 상태로 이끌기도 한다. 이런 이유 때문에 이번 장에서 소개되는 장난감들은 아이가 따뜻함과 편안함을 느낄 수 있는 질감의 장난감들이다. 물론 매끈한 것뿐 아니라 거친 질감인 것들도 함께 실려 있는데, 아이들은 부드러움과 딱딱함, 따뜻함과 차가움을 모두 느껴야 하기 때문이다. 그러나 감각을 통한 세상 알아가기는 즐거워야 하므로 너무 극단적이어서는 안 된다.

냄새와 맛, 풍경과 소리는 아이 때부터 중요하다. 아이의 후각은 매우 민감해서 엄마가 어디에 있는지를 냄새로 감지한다. 향기 또는 냄새는 우리가 사는 환경을 바꿔주기도 하고, 혐오감을 안겨주기도 하며, 이 모든 냄새는 우리 삶에 풍요로움을 더해준다. 이 책에 소개되는 장난감들은 단순하기는 하지만 아이의 후각에 대한 배려도 잊지 않았다. 장난감을 만들 때 쓰는 재료들의 신선하고 은은하고 자연스러운 향기를 아이가 맡을 수 있도록 해보자.

아이들은 으레 물건을 입으로 가져간다. 미각과 맛에 대한 경험은 우리가 매력을 느끼게 되는 대상과 연관이 되기 때문에, 뒷날 우리 환경에 미적 호감을 주는 것을 찾아낼 때 도움이 된다. 그러므로 아이의 장난감을 만들 때는 세심한 주의를 기울여야 한다. 인형 머리를 빗기고, 바늘땀을 일정하게 두어 꿰매고, 솔기를 손질하고, 목재 표면의 거친 부분을 사포로 잘 문지르자. 아이의 용모를 꾸며주듯 장난감의 겉모양에도 신경을 써서 자기 자신에게 신경 쓰듯 남들과 세상에 대해 신경 써야 함을 보여줄 수 있도록 한다.

색깔과 밝기는 신체적인 영향뿐 아니라 정신적인 영향도 미친다. 다양한 색깔들을 접하며 놀게 하고, 장난감을 만들 때 색깔의 조화에도 신경을 쓰자. 어린 시절의 색채 체험은 아이가 세상을 알아가는 과정에 활기를 불어넣어 준다. 우중충하고 생기 없는 색깔은 흥미도 느껴지지 않거니와 우울해질 수 있고, 반대로 너무 밝거나 요란한 색깔은 아이를 놀라게 하고 아이에게 과도한 자극을 줄 수 있다. 엄마가 만들어주는 장난감에는 아이의 청각을 사로잡고 언어 능력을 향상시킬 수 있는 이야기가 담길 필요가 있다. 놀이에 맞게 이야기를 창작해보고, 아이의 주의를 끌 수 있는 낱말들을 찾아내 보자. 엄마가 아이에게 말을 걸거나 노래를 불러줄 때는 소리를 흡수하는 아이의 능력을 감안하여 이에 맞추도록 하고, 소리가 지닌 고유의 아름다움을 아이가 이해할 수 있도록 시간적 여유를 두자. 과도하게 시끄러운 소리는 아이가 대인관계를 외면하고 위축되게 되는 원인이 된다. 이는 말의 경우도 마찬가지다. 어조에 따라 의미에도 미묘한 차이가 생긴다. 엄마가 말을 하거나 장난감을 움직이면서 몸동작을 곁들이면 실감도 더 나고, 아이가 인간의 감정을 올바르게 파악해 나가는 데에도 도움이 된다.

감정의 인식

아이는 일상생활을 통해 안락과 조화를 경험한다. 모든 것이 다 좋을 때, 즉 질서와 리듬과 조화가 있고 일들이 제대로 돌아갈 때 아이의 조화 감각은 향상된다. 일상생활에서 나타나는 스트레스와 폭력적인 몸짓이나 행동, 신경질과 외고집은 이러한 감각의 건강한 발달을 방해할 수 있다. 부모도 사람이기 때문에 살다 보면 이런저런 사정들로 인해 자녀들과 부딪히는 경우가 생기게 된다. 그렇지만 아이와 함께 놀다 보면 우리 자신의 균형을 되찾게 되고, 이에 따라 조화가 회복된다. 하나의 관계는 쌍방향으로 작용한다는 사실을 기억하자. 아이와 엄마가 함께 놀 때 질서와 조화가 쌓이면 모두에게 긍정적으로 작용한다. 일정한 놀이 시간을 짜고 그 시간이 되면 전심전력을 다해 아이와 놀자.

아이에게는 신체적·정서적·정신적으로 따뜻함이 필요하다. 아이는 엄마가 주는 장난감을 좋아하고, 이러한 초기 애착관계는 세상에 대한 애착으로 발전해가는 걸음마가 된다. 놀이를 할 때 엄마가 장난감들을 소중히 다루면, 아이는 엄마가 그 장난감들을 만들면서 쏟아 부었던 사랑과 따뜻함을 마음속에 느끼게 된다. 이 같은 사랑이 담긴 배려를 과소평가해서는 안 된다. 우리는 삶 속에서 차갑거나 따뜻한 지시를 받게 될 때가 많다. 이 따뜻함의 감각은 우리의 사회적 태도와 능력에 큰 영향을 미친다. 아이를 대하는 엄마의 따뜻한 마음에는 당연히 거짓이 없겠지만, 이미 아이는 가면과 과장을 꿰뚫어 보고 있다.

자기 인식의 발달

아동심리학자인 피터 홉슨은 영유아 시기의 경험을 '생각의 요람'이라고 했다. 아이는 인식의 과정을 통해 무엇이 옳고 무엇이 그른지를 파악하기 시작한다. 사고 감각은 대개 12개월이 지난 뒤부터 깨어나기 시작하는데, 아이는 타인들의 자아로부터 자신의 자아를 분리시키면서 자신과 세상과의 관계를 깨닫기 시작한다. 놀이를 하다 보면 간혹 생각의 흐름을 이야기하는 과정이 생기기도 하는데, 이 과정은 이런 감각을 발전시키는 자양분이 된다. 그리고 이들 일련의 과정들은 또한 어떤 일정한 생각으로 발전해간다. 우리의 생각은 두서없이 뻗어나가는 경향이 있으며, 또한 우리의 감정에 크게 영향을 받기 때문에 진실하고 신중한 태도를 지니는 일은 매우 중요하다. 우리는 아이들에게 어느 일정한 생각을 가르칠 필요는 없다. 아이는 자신의 환경 속에서 그것들을 자연스럽게 도출해낼 수 있기 때문이다. 하지만 엄마가 만든 장난감과 엄마와 함께하는 놀이들이 인간 생활에 수반되는 사회적 연대 속으로 아이를 끌어들일 수 있다면, 그것은 아이의 삶에 큰 도움이 될 것이다.

아이가 엄마의 사랑이 담긴 긍정적인 정서적 배려를 경험한다면, 아이의 자아 감각은 잘 발달할 것이다. 이것이 처음 드러나는 시기는 만 1세경으로, 아이의 상상력이 '타인과의 감정 공유'에 대한 자연스럽고 절대적인 깨달음을 흥미롭고 즐거운 마음으로 탐구하기 시작하면서부터다. 이번 장에 소개되는 장난감들은 아이의 건강한 관심을 최대한 이끌어낼 수 있으며, 아이의 콤플렉스를 그대로 반영하거나 아이의 감정 상태를 바꿔주기에 매우 효과적이다. 나아가 세상이 겉으로 드러난 것 이상의 깊이가 있다는 생각을 갖게 해주기도 한다.

딸랑이와 흔들이

아이는 깨어 있을 때는 세상을 발견하고 자신이 접촉하게 되는 모든 것들을 탐구한다.
아이를 매혹시키는 것은 자신의 손이나 발일 수도 있고, 침대 속의 담요일 수도 있다.
엄마가 아이에게 새로운 것, 가령 딸랑이나 흔들이 같은 것을 주면 아이가 느끼는
기쁨과 흥미는 두 배로 커진다.

딸랑이는 촉감과 청각, 시각을 매료시키고 움직임과 균형감을 자극시켜준다. 딸
랑이에 달린 물체들의 질감은 아이의 흥미를 불러일으키고 관심을 잡아끈다. 아
이는 딸랑이에 달린 물체들의 다양함과 모양, 질감과 소리에 흥미를 보이고 즐거
워할 것이다. 이는 아이가 다양한 특질을 인식하기 시작했다는 의미다.

신체의 발달

엄마가 아이 위에서 딸랑이를 들고 살살 흔들면 아이는 손을 뻗어 그것을 잡으려
고 한다. 이것은 움직이려는 의지가 작용한 것으로, 아이가 앉고 서고 걷게 될 때
작용하는 힘과 동일하다. 아이는 자신이 조절하거나 통제하지 못하고 자신의 의
지와는 무관하게 반사적으로 나오는 행동을 조절하는 법과, 자신의 의지에 따라
움직이는 행동을 발달시켜나간다.

아이는 엄마가 놀이를 통해 자신을 상대해줄 때 큰 기쁨을 느낀다. 앉을 수 있
게 된 아이는 장난감을 던지고 떨어뜨리고 두드리기를 좋아한다. 아이가 딸랑이
를 흔들고 두드리고 떨어뜨리며 놀게 해주자. 엄마가 딸랑이를 집어 들고 아이 앞
에서 흔들면 아이는 좋아서 웃으며 엄마 손에서 딸랑이를 빼앗아 다시 떨어뜨릴
것이다. 이런 식으로 딸랑이 놀이를 계속한다. 반복은 신체의 근력과 조정력을 키
워주는 데 도움이 되므로 놀이를 반복해서 하는 게 좋다.

딸랑이 만들기

손쉽게 만들 수 있는 목재 딸랑이를 소개한다. 딸랑이의 가운데에 끼우는 물체를 다른 것으로
할 경우에는 질감과 소리가 너무 튀지 않게 해야 한다.

❶ 원목 커튼 링을 준비한다. 커튼 링에 달
려 있는 금속 고리는 펜치를 이용하여 제
거한다. 커튼 링에 니스 칠이 된 경우에는
사포로 문질러서 벗겨내면 된다.

❷ 큰 사이즈의 커튼 링을 바이스에 끼
우고 톱을 이용하여 커튼 링을 잘라서
1.5cm 정도의 틈을 만든다.

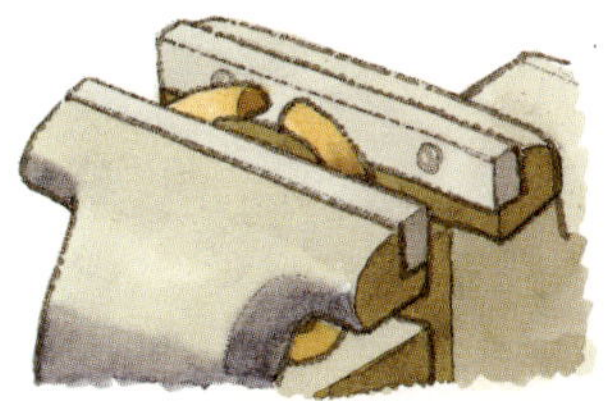

❸ 작은 커튼 링 세 개를 큰 커튼 링에 만든
❷의 틈으로 끼운다.

❹ 원목 구슬을 바이스에 끼운 뒤 드릴을
이용하여 큰 커튼 링의 굵기에 맞춰 구멍
을 뚫는다.

❺ 큰 커튼 링의 잘려진 양끝에 접착제를
약간 바른다. 드릴로 뚫어 만든 구슬 구멍
속으로 커튼 링의 양쪽 끝을 집어넣어서
커튼 링의 양끝을 맞붙인다.

❻ 고리가 제대로 붙었는지 확인한 다음,
헝겊에 오일을 묻혀 칠한 뒤 문질러서 광
을 낸다.

흔들이 만들기

두꺼운 종이로 된 조그만 선물 상자를 활용하면 좋다. 뚜껑과 몸체에 접착제를 발라 단단히 붙이고, 상자에 칠을 할 경우에는 아이가 빨아도 해가 되지 않는 물감을 써야 한다.

준비물
뚜껑이 있는 종이 상자 몇 개, 모래, 쌀, 콩(아이의 목에 걸리지 않도록 작은 크기의 것들로 준비할 것), PVA 접착제

❶ 상자 안에 모래나 쌀, 콩 등 흔들었을 때 적당한 소리가 나는 것들을 4분의 1 정도 담는다.

❷ 상자를 흔들었을 때 뚜껑이 열려서 내용물이 쏟아지지 않도록 상자와 뚜껑에 접착제를 발라 단단히 붙인다.

떼구루루 털실 공

아이의 손에 꼭 쥐여지는 크기의 조그만 공은 아이에게 움직임에 대해 알게 해주는
멋진 도구다. 공은 모서리나 경계면이 없기 때문에 한자리에 항상 머물러 있지 않고
잡기도 쉽지가 않다. 아주 어린 아이는 공을 계속 굴려 보내버리겠지만. 아이가 조금
더 크면 말랑말랑하고 포근하고 질감 좋은 공을 손으로 감싸 쥐었을 때의 느낌을
좋아하게 될 것이다. 그리고 공을 들어 올려서 관찰하고 돌려보기도 하며, 아마 공을
맛보는 것도 좋아할 것이다.

간단한 공놀이

엄마가 손에 든 공을 아이에게 건넸다가 도로 가져온 뒤 다시 아이에게 건네보
자. 아이가 기거나 바닥에 앉아 놀 수 있게 되면, 공을 쫓아갈 수 있도록 아이에게
공을 굴려주는 것도 좋다. 공을 천천히 굴리고, 너무 멀리 굴러가지 않도록 주의한
다. 아이는 공이 있는 곳까지 기어가서 공을 만질 텐데, 이렇게 되면 공은 조금 더
굴러갈 것이고, 아이는 그것을 잡으려고 다시 기어갈 것이다. 놀이를 하면서 동요
《달》의 음에 맞추어 다음과 같이 노랫말을 바꾸어 천천히 그리고 리듬감 있게 불
러주자.

공 공 아기 공 떼구루루 구르는 공
누구에게 굴릴까, 아기에게 굴리자.

아이가 좀 더 크면 할 수 있는 공놀이도 있다. 엄마와 아이가 어느 정도 거리를

> "공은 완전체의 상징이기 때문에 아이가 가지는
> 첫 번째 장난감이 되어야 한다."
>
> – 프리드리히 프뢰벨

두고 마주 보고 앉아서 엄마가 아이에게 공을 던지거나 굴리면, 아이도 공을 잡아서 엄마에게 보내려고 할 것이다. 엄마와 아이가 무릎을 맞대고 앉거나 엄마 무릎 위에 아이를 앉히면, 아이는 엄마의 행동을 따라 하고, 해당 행동의 반복되는 리듬을 파악하여 기술을 익히게 될 것이다.

아이들이 여러 명 있을 경우에는 둥글게 원을 이루어 아이들을 앉히고 원 안에서 공을 굴려 보내거나 손으로 공을 전달해주는 놀이를 할 수도 있는데, 아이에게 타인의 존재를 인식시키는 좋은 방법이다. 사실 아이에게는 남에게 무엇을 주는 행위가 쉽지 않다. 그것은 아이의 노력과 의지가 요구되는 행동이다. 공이 아이에게 다시 오면 아이는 만족해할 것이고, 놀이는 계속 이어질 것이다. 노래를 부르면서 놀이를 하면 한층 리듬감이 살아난다.

떼구루루 털실 공 만들기

펠트를 뭉쳐 만든 공을 물에 넣고 세제를 바른 뒤(만드는 방법 ❸ 참조) 스타킹에 집어넣고
세탁기에 넣어 온수 버튼을 누르고 쾌속 세탁 코스로 돌리면 털실 공을 좀 더 빨리 완성할 수
있다.

준비물
양모 솜, 천연 섬유 털실, 그릇, 따뜻한 물, 주방세제 또는 올리브 비누, 차가운물, 수건

❶ 양모 솜을 감아서 공을 만든다. 만드는 과정에서 크기가 줄어들게 되므로 최종 완성되는 공의 크기보다 세 배 정도 더 크게 만들어야 한다.

❷ 색깔 있는 털실을 공 위로 되는대로 감는다.

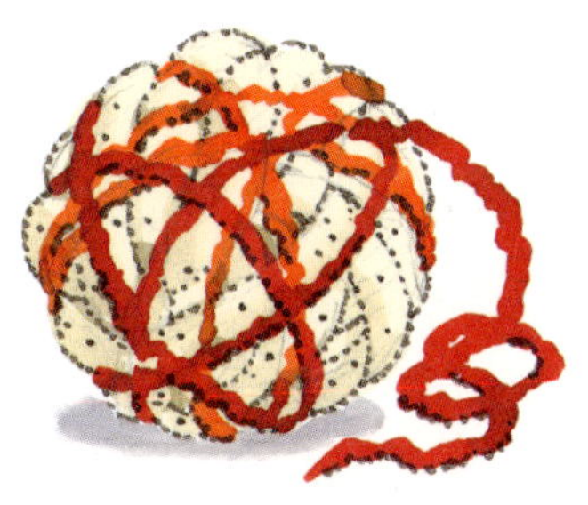

❸ 그릇에 따뜻한 물을 담고 물에 잠길 정도로 공을 집어넣는다. 공에 주방세제를 뿌리거나 올리브 비누를 칠한다.

❹ 눈 뭉치를 만들 때처럼 공을 받쳐 들고 공의 표면을 누른다. 공을 문질러가며 둥글게 다듬는다. 공의 바깥 면이 잘 고정되도록 빠르게 손으로 문질러 다듬는다.

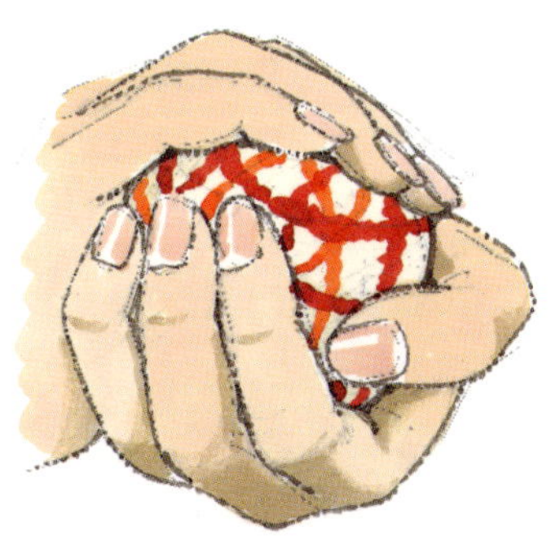

❺ 펠트와 털실이 단단히 고정될 수 있도록 이 과정을 5~7분간 계속한다.

❻ 따뜻한 물에 공을 다시 담그고, 필요하다면 세제나 비누를 더 뿌리거나 칠하고 5분간 놓아둔다.

❼ 찬물로 공을 헹구고 비눗기를 짜낸다. 수건으로 문질러 물기를 닦고 말린다.

❽ 물기를 완전히 말리는 데는 시간이 꽤 걸린다. 라디에이터 위에 올려놓거나 식기건조기에 넣어서 말리면 건조 시간을 줄일 수 있다.

산들산들 풍경

아이는 태어나서 처음 몇 개월간은 근육을 발달시켜서 신체 근력을 향상시켜야 하기
때문에 놀이의 필요성은 아직 그렇게 크지 않다. 또한 아이는 자신의 몸을 인지하고
이해해야 하며, 무엇이 어떤 기능을 하는지에 익숙해져야 한다. 그런 까닭에 아이가
자리에 누워 있거나 아기의자 또는 유모차에 앉아 있을 때 볼 수 있는 장난감은 아이의
관심을 잡아끌 수 있다. 여기에 소리까지 난다면 더욱 좋다.

아이의 시각과 청각

갓난아이 적에는 감각기관을 보호해주는 일이 무척 중요하다. 너무 잦은 소음이
나 시끄러운 소리는 청각의 발달을 방해하여 아이가 듣는 소리들 간의 차이를 파
악하는 능력을 저해시킨다. 마찬가지로, 아이 주변에 너무 많은 물건들이 있는 것
도, 특히 색이 너무 밝거나 무늬가 요란한 것들은 아이를 질리게 만들 수 있어 바람
직하지 못하다. 아이는 단순한 장난감을 한 번에 한 개씩 접할 때 가장 흥미를 느
낀다.

갓난아이 적에는 아이가 초점을 맞추고 눈을 즐겁게 할 수 있는 것을 단순한
재료들을 써서 만들어주는 것이 좋다. 아이에게 친근한 물건들로 만들어야 될 필
요는 없다. 그것들이 아이의 흥미를 끌 수 있으면 된다. 풍경에 들어가는 재료들
이 자연에서 취한 것들임을 아이는 곧 체험하게 될 것이다.

여름날 열린 창문 앞과 같이 바람이 적당히 불어오는 곳에 풍경 모빌을 달아
놓으면 산들바람에 풍경이 살살 흔들릴 것이다. 속이 빈 대나무와 조개껍질, 비즈
같은 장식물들이 뎅그렁 소리를 내면서 아이의 귀에 부드럽고 달콤한 음악을 선사
해줄 것이다.

> "어린아이는 몸 전체가 다 감각기관이다."
>
> – 루돌프 슈타이너

산들산들 풍경 만들기

풍경에 매달 비즈 구슬은 색깔 고운 유리로 된 것으로 골라서 풍경이 산들바람에 흔들릴 때
빛을 발할 수 있게 하자.

준비물

얇게 잘라낸 통나무 조각, 대나무, 사기 또는 유리로 된 비즈 구슬, 조개껍데기와 돌멩이들, 바이스, 드릴과 날, 전동 샌더 또는 사포, 실톱, 튼튼한 나일론 끈, 가위, 긴 바늘(선택사항), 커다란 나무 구슬(선택사항)

❶ 2.5cm 두께의 통나무 조각을 바이스에 끼운다. 나무 조각보다 작은 크기의 정사각형 종이의 각 모서리에 대각선으로 두 개의 선을 그려서 각 모서리와 두 개의 선의 교차점을 표시한다. 이 종이를 나무 조각 위에 놓고 종이에 표시한 곳에 맞춰 다섯 개의 구멍을 드릴로 뚫는다.

❷ 나무 조각이 바이스에 끼워져 있는 상태에서 전동 샌더를 이용하여 나무껍질을 벗겨낸다(나무껍질을 완전히 제거하고 싶지 않다면 사포로 문질러서 너덜너덜한 부분만 벗겨낸다). 기름칠을 하고 헝겊으로 문질러 윤을 낸다.

❸ 실톱으로 대나무를 세로로 잘라낸다. 비슷한 길이로 네 개가 필요하다. 그림에서와 같이 끝을 30도 각도로 잘라내어 기름칠을 하고 헝겊으로 문질러 윤을 낸다.

❹ 대나무 위쪽의 서로 마주보는 위치에 드릴로 두 개의 작은 구멍을 뚫는다.

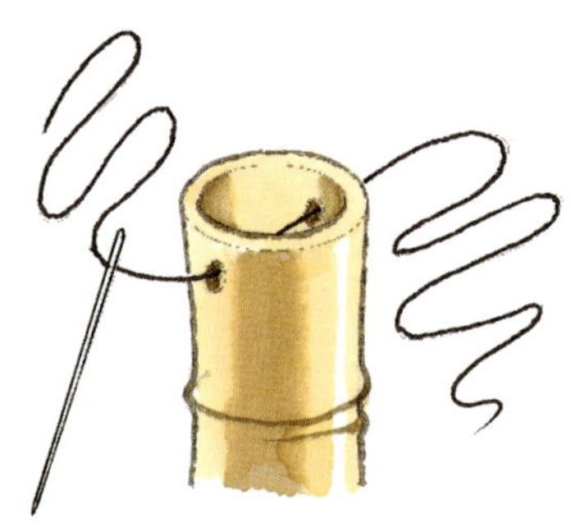

❺ 대나무에 나일론 끈을 꿰고 매듭을 지은 뒤 여기에 비즈를 끼우고 다시 매듭을 짓는다. 나일론 끈의 양끝을 나무 조각의 모서리 쪽에 있는 한 구멍에 꿰고 원할 경우 여기에 비즈를 한 개 더 끼운 뒤 매듭을 짓는다.

Tip & Hint

- 집 안팎에 두루 걸 수 있도록 풍경을 아담한 크기로 만든다.
- 손쉽게 구해 쓸 수 있는 자연물들을 재료로 활용한다. 조개껍데기에는 구멍이 뚫려 있어서 실을 꿰어 매달기에 좋다.
- 풍경을 실외에 매달 경우에는 썩지 않는 튼튼한 끈이나 실을 사용한다.
- 통나무 조각과 대나무를 사포로 잘 문질러서 거친 면을 매끈하게 다듬는다.
- 눈이나 비에 보호될 수 있도록 통나무 조각과 대나무에 기름을 바른다.
- 아이의 손에 닿지 않게 한다.

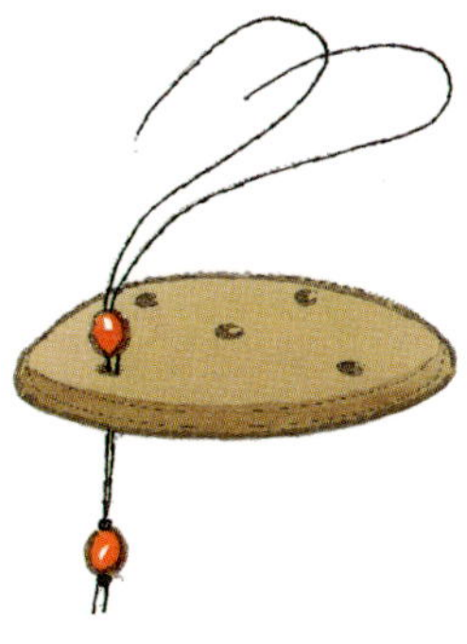

❻ 나머지 세 개의 대나무도 같은 방법으로 끈과 비즈를 차례로 끼우고 나무 조각에 매단다.

❼ 가운데에 매달 끈을 색색의 비즈나 정원 등에서 주워 온 것들로 장식하고, 끈의 끝을 나무 조각의 가운데 구멍에 꿴다(**❺** 참조).

❽ 끈들의 끝을 나무 조각 위로 모아 꼬거나 땋고, 혹은 매듭을 지어 가지런하게 정리하여 가운데로 모은다. 끈들을 커다란 나무 구슬에 한데 끼우는 것도 좋은 방법이다.

댕그랑 꽃화분 종

엄마가 아이에게 무언가를 내밀 때 엄마로부터 흐르는 사랑의 온기가 아이에게
일으키는 반응은 상황에 따라 달라진다. 엄마가 장난감을 내밀면 아이는 잠깐 가지고
놀다가 이내 떨어뜨린다. 하지만 엄마가 손가락을 내밀면 아이는 손가락을 가지고
놀며 계속 붙잡고 있다. 그 손가락이 엄마의 것이기 때문에 아이는 엄마의 사랑과
배려, 관심을 느낄 수 있고, 아이의 감각은 그것을 깨닫는다.

환경의 인식

아이의 성장 발달 과정을 주의 깊게 관찰해보면, 아이가 물체와 함께 '놀' 준비가
되어 있음을 알게 될 것이다. 아이는 자신의 주위 환경에 대해 알기 시작하면서 엄
마가 어떤 사람인지보다는 무엇을 하는지를 더 의식하게 된다.

　아이 주변에 쳐다볼 모빌이 있으면 아이가 자기 주변의 물체들을 인식하는 능
력이 발달하는 데 도움이 된다. 리본이나 끈의 길이를 달리하여 조그만 종들을 아
이 침대 위나 창문 앞에 매달면 간단하게 모빌이 완성된다. 아이가 쉬고 있을 때
종을 살살 흔들어주어 은은한 종소리가 울리게 하자.

리듬 놀이

음악을 통해 아이의 리듬감을 길러주는 것은 엄마와 아이 모두에게 멋진 체험이
다. 아이를 무릎에 앉히고 엄마가 종 하나를 들고 흔들어가며 아이에게 노래를 불
러주자. 얼마 지나면 엄마가 노래를 부를 때 아이가 종을 들고 흔들 것이다. 이러
한 단순한 따라 하기가 놀라운 추진력이 된다.

　아이가 좀 더 자라 다른 아이들과 어울리기 시작할 때나 다 함께 노래를 부를
때, 엄마는 종과 딸랑이를 흔들며 장단을 맞춰주자.

"아이들은 다른 사람들과의 상호작용을 통해 활동을 자극받는다."

– 로즈 바로시오, 『유아 양육에서의 따뜻한 태도와 언어와 관심의 역할』 중에서

댕그랑 꽃화분 종 만들기

조그만 꽃화분 종 여러 개로 모빌을 만들어도 좋고, 종 한 개만 손가락으로 들고
아이 앞에서 흔들어주어도 된다.

❶ 화분에 원하는 그림을 그린 뒤 물감이
마르면 니스를 칠한다.

❷ 화분에 매달 튼튼한 끈을 원하는 길이
로 자른다.

❸ 끈의 끝에 종의 방울 역할을 할 세라믹
재질의 비즈를 한 개씩 꿰어 매단다. 이것
이 화분 안에서 잘 움직일 수 있도록 조금
위에 비즈를 한 개 더 꿰어 매단다(비즈의
크기가 너무 작으면 자칫 화분 구멍 사이
로 빠질 수 있으므로 비즈의 크기는 화분
바닥에 뚫려 있는 구멍의 크기보다 더 커
야 한다).

❹ 끈의 반대쪽 끝을 화분 구멍 밖으로 빼
낸다. 물론 이때 종의 방울 역할을 할 비즈
는 화분 속에 있어야 한다. 끈에 여러 가지
크기의 비즈를 꿰어 예쁘게 꾸며준다. 구
멍 위에 위치하게 되는 비즈는 구멍 속으
로 빠지지 않을 만한 크기여야 한다.

❺ 끈을 잘 묶어준다.

❻ 얇게 자른 통나무 조각에 꽃화분 종들
을 매달아 모빌을 만들 때는 화분 종들이
바람에 서로 부딪치지 않도록 간격을 잘
조절하여 매달아야 한다. 나무 조각에 화
분 종의 끈을 꿸 구멍과 모빌을 매달 끈을
집어넣을 구멍의 위치를 표시한다. 모빌
을 매달 끈을 집어넣을 구멍의 경우에는
두 개의 구멍 간격을 좁게 하여 한 구멍으
로 끈을 집어넣고 바로 옆의 구멍으로 끈
을 뺄 수 있도록 한다.

❼ 얇게 자른 통나무 조각을 바이스에 끼
우고 구멍들을 드릴로 뚫어준다. 나무껍
질을 말끔하게 벗겨내고자 할 경우에는
전동 샌더로 밀어낸다. 전동 샌더가 없으
면 사포로 잘 문질러준다. 기름칠을 하고
헝겊으로 문질러 윤을 낸다.

❽ 모빌을 매달 끈을 달아준다. 길이가 적
당히 내려오는지 살펴본다. 화분 종의 끈
도 꿰어주고 비즈가 제대로 달리고 매듭
이 잘 묶여졌는지 확인한다.

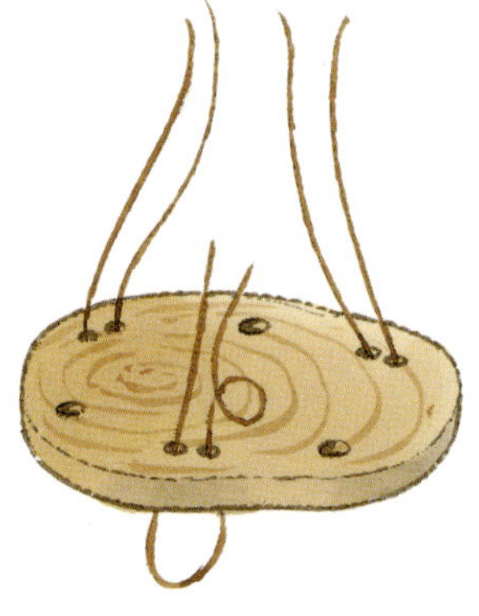

Action 활동

활동에 대하여

이 세상에 똑같은 아이는 없지만, 세상 어느 곳에 사는 아이든지 발달 과정에는 유사한
패턴이 있다. 아이의 움직임과 몸짓을 관찰하면 내면에서 일어나는 변화를 간파할 수
있는데, 여기에 맞춰 해석하고 반응하면 된다.

아이의 몸놀림

생후 첫 1년간 아이는 눈을 통해서 보는 것보다 손과 입을 통해 세상을 더 많이 알
아간다. 생후 몇 개월간은 주로 입에 의존하다가 그 뒤에는 손을 더 많이 쓰게 되
고, 첫돌 무렵에야 눈이 중요한 역할을 맡기 시작한다. 이러한 과정은 아이의 거리
감각 및 자아 인식의 발달에 영향을 미친다. 처음에 아이는 입술과 혀로 세상을 맛
보고, 이어서 팔과 손으로 만지고 움직이며 관찰하고, 시선을 옮기다가 사물을 가
리킨다. 아이의 눈과 귀는 태어날 때부터 세상에 열려 있지만, 아이가 그것을 스스
로 조절하게 되기 전까지는 눈과 귀를 직접적으로 사용하지는 않는다.

아이는 먼저 입을 통해 손을 인식한다. 아이는 손가락과 주먹을 입 안에 넣고
빨아댄다. 아이는 손을 제대로 사용하게 되기 전까지, 즉 생후 4~5개월 정도 되어
대상물에 제대로 손을 뻗칠 수 있게 되기 전까지는 손의 맛을 보아야만 한다. 아이
가 손으로 무언가를 움켜쥘 수 있게 되면, 손가락을 다루는 좀 더 정교한 단계에 들

"놀이는 아이의 영혼이 어떠한 모습인지 자유로이 표현해주는 유일한
것이기 때문에, 그것은 유년기의 인간적 발달을 가장 잘 표현한다."

– 프리드리히 프뢰벨, 『인간 교육』 중에서

어선다. 아이는 생후 3개월 무렵 눈의 초점을 맞추게 되면서 손가락을 놀릴 수 있게 되고, 생후 4개월이면 두 손으로 물건을 움켜쥘 수도 있고 손가락을 구부릴 수도 있게 된다. 생후 6개월에는 한 손으로 물건을 움켜쥘 수 있으며, 생후 7개월에는 엄지손가락과 집게손가락으로 물건을 쥘 수 있고, 생후 9개월에는 엄지손가락과 집게손가락의 끝부분으로 물건을 집을 수 있게 된다. 이 같은 기술은 생후 18개월까지 입으로 하는 행동을 대신하게 된다.

아이의 세상 살피기

아이의 눈은 처음에는 사물을 제한적으로만 보다가 생후 8개월쯤부터는 바로 앞을 보게 된다. 그러면서 사물에 초점을 맞출 수 있게 되는데, 이 무렵이 되면 아이는 철저하고 꼼꼼하게 주변을 응시한다. 12개월이 지나고부터 그 강도가 떨어지는 것은 주변이 아이의 눈에 익었기 때문이다.

아이는 처음에는 자기의 몸을 살피고, 몸이 충분히 눈에 익으면 그 몸을 이용하여 자기 주변의 세상을 살핀다. 아이는 자신의 감각들을 다듬고 움직임을 좀 더 의식하면서 세상을 알아나가는 것이다. 여기에는 부모가 아이에게 만들어주는 장난감도 해당된다. 아이가 손가락으로 장난감을 다루려면 장난감에 유연성이 있어야 하고, 또한 아이가 자신 있게 자기 몸에 가져갈 수 있도록 아이의 감각을 자극하는 장난감이어야 한다. 아이들은 생후 2년간은 일반적이고 공통적인 부분들이 많다. 이 시기에는 남자아이도 여자아이처럼 인형을 잘 가지고 논다. 여자아이와 남자아이가 노는 모습에서 차이를 보이기 시작하는 것은 24개월 무렵부터다. 가령 아이들에게 소꿉 장난감용 오븐을 주면 여자아이들은 인형 맘마를 만드는 놀이를 하는 반면, 남자아이들은 오븐을 분해하여 어떤 구조로 되어 있는지 살피기를 더 좋아한다.

놀이의 발달

스위스의 소아과 의사인 레모 라르고 박사는 1~2세 아이들의 놀이 발전 단계를 다음과 같이 분류했다. 아이가 생후 9개월이 되면 기능 놀이의 첫 단계에 들어서는데, 이 시기에 아이는 사물을 움켜쥐고 그것을 자신의 몸으로 가져가 접촉을 시도한다. 숟가락을 입으로 가져가서 먹으려고 하는 것이 그 예다. 생후 12개월이 되면 표현 놀이의 첫 단계에 들어서는데, 이 시기에 아이는 사물을 제 기능에 맞게 사용한다. 아이는 숟가락을 이용하여 마치 아이를 돌보듯이 인형에게 맘마를 먹이는 시늉을 한다. 생후 18개월에서 21개월이 되면 아이들은 놀이의 두 번째 단계에 들어서는데, 이 시기의 아이는 인형이 직접 사용하는 것처럼 사물을 다룬다. 인형의 팔에 숟가락을 대고 인형 팔을 움직여서 인형이 직접 떠먹는 식으로 맘마를 먹인다.

바꿔 말하면, 아이가 인형에게 생명을 부여한다고 볼 수 있다. 24개월 정도 되면 아이는 반복 진행 놀이를 시작하게 된다. 아이가 가정에서 경험하는 것들, 이를테면 밥 먹기 같은 놀이를 반복적으로 한다. 이 무렵이 되면, 아이는 점차 상징 놀이를 시작한다. 상징 놀이란 한 사물이 어떤 대상을 의미 있게 만드는 것으로, 인형들이 버스 안의 승객들 역할을 하게 되는 것이 그 예다. 아이는 어떤 한 대상이 또 다른 대상이 될 수도 있다는 것을 이해하게 되고, 엄마가 하는 가상 놀이에 반응을 보일 수도 있다.

이 같은 발달은 상상력에 눈을 뜨는 전조라고 볼 수 있지만, 아직 이를 의식하지는 못하기 때문에 기억도 하지 못한다. 아이에게는 아직 기억이 자리 잡게 되는 시간 감각이 없기 때문이다. 단순한 장난감 역시 시간의 틀에서 벗어나 있다. 그래서 아이는 환상의 여지가 담겨 있지 않은 것을 가지고 놀 때보다 더 오랜 시간 단순한 장난감을 가지고 노는 것이다. 이후 몇 년간 그것이 얼마나 멋진 존재인지를 보

사고력을 위한 움직임의 의미

몸을 움직이는 것과 사고력 사이의 관계에 대한 인식이 최근 높아지고 있다. "손이 민첩하면 머리도 총명하다"는 격언이 근거 없는 얘기가 아님이 입증된 셈이다. 몸 움직임은 두뇌에 있어 교사 역할을 한다고 볼 수 있으며, 그 사람의 의도를 표현한다. 아이의 사물을 잡으려는 능력의 자연스러운 발달은 지능을 움직이게 하는 감각기관 다듬기의 일환이며, 놀이를 하면서 파악과 생각을 섞는 능력도 점차 발달해나간다.

여주는 기회를 누리게 될 환상은 감각과 두뇌 발달에 매우 중요하다. 낡은 헝겊 조각이나 막대기를 다른 어떤 것으로 변모시키는 과정은 노력이 필요한 활동이고, 이는 훗날 사고 능력의 기초를 이루게 한다.

걷기와 말하기

걸음마 익히기에는 유희적인 요소가 있어, 아이는 유희와 동일한 방법으로 걸음마를 하게 된다. 또한 걸음마 익히기는 아이가 자신의 의지와 방향을 찾기 시작할 수 있게 된다는 점에서 해방의 느낌을 준다. 첫 발짝을 뗄 때 아이의 얼굴에 피어오르는 미소를 생각해보라. 걸을 수 있는 유전자는 원래부터 사람에게 있어온 것이지만, 직립 자세는 모방과 스스로의 동기 부여로 인해 이루어진다. 그것은 타고나는 것이라기보다는 아이가 자기 주변의 사람들처럼 되겠다는 강한 의지의 표현이라 할 수 있다. 가령 인도의 '늑대 아이'나 시리아의 '가젤 소년'처럼 인간이 아닌 동물에 의해 길러진 아이들은 직립 자세를 취하지 않았다. 지금 우리는 직립 자세를 당연히 여기지만, 고대 사회에서는 신체의 직립에 도덕과 종교적 의미가 담

겨 있다고 여겼다. 인간의 직립 자세는 존경과 경의, 연민, 헌신과 관련시켜 설명할 수 있다. 직립 자세는 인간임을 나타내는 도덕적 차원의 몸짓인 것이다.

아이가 어떻게 말을 배우는지는 아직도 미스터리다. 듣기를 바탕으로 이루어진다는 것은 분명한데, 아이는 빨아들이고 모방하기 때문에 어른들이 구사하는 음색과 유창성, 부드러움, 음조 등은 아이의 언어 습득에 매우 중요하다.

언어의 미학

놀이에서는 매사를 설명하는 것이 필요하지 않다. 아이가 지닌 꿈꾸는 듯한 의식 세계에는 그런 것이 생소하기 때문이다. 대신 리듬감 있게 반복하고, 어휘를 점차 늘려가며, 풍부한 감정을 담아 진실하게 말하면서 언어의 미학을 찾도록 노력하자. 처음에 아이는 엄마의 입술이 움직이는 대로 자신의 입술을 따라 움직일 것이다. 12개월이 안 된 아이에게는 열린 성질과 창의적 잠재력을 지닌 모음이 중요하다. 12개월이 지난 뒤부터는 보다 형태가 갖춰지고 제한적 효과를 지닌 자음의 역할이 더 커진다.

엄마가 장난감을 움직이거나 이야기를 들려줄 때 놀이나 리듬, 이야기 내용에 맞추어 부드러운 몸짓이나 손동작을 구사해나가면 아이는 언어에 한층 관심을 기울일 것이다. 아이가 손을 좀 더 잘 움직일 수 있게 되면 엄마의 동작을 흉내 낼 것이다. 아이가 어릴 적부터 노래를 불러주면 나중에 언어 발달에 도움이 되는 기초를 쌓을 수 있다. 노래에는 반복적인 리듬과 아이가 안정을 느낄 수 있는 음조가 담겨 있

다. 이번 장에 소개되는 장난감을 만들면서 노래를 불러준다면, 엄마의 활동적 태도에 아이는 보다 즐거워할 것이다. 장난감을 만드는 손놀림과 박자가 잘 맞는 노래를 직접 만들어 불러준다면 더욱 좋다. 그러면 엄마가 만든 장난감에는 그것을 알아차릴 수 있는 노래가 생겨나고, 이는 놀이의 한 부분이 되어 만들기와 놀이가 정서적으로 이어지게 된다.

블록과 울타리

여러 가지 모양의 블록으로 길도 만들 수 있고 다리, 담장, 성 등등 온갖 것을 다
만들 수 있다. 튼튼한 원통 모양의 블록 위에 납작하게 자른 나무 조각을 얹어
테이블을 만들고, 테이블 둘레로 조그만 통나무 조각들을 놓아 의자로 삼자. 블록보다
조심해서 다루어야 하는 울타리는 좀 더 큰 아이들에게 적합하다. 아이는 울타리를
꾸미며 엄마의 행동을 따라 할 것이다.

블록

아이를 도와서 탑이나 성, 담장 같은 것을 만들어보자. 또는 그냥 블록만 쌓을 수
도 있다. 그러면 아이는 그걸 와르르 무너뜨리며 재미있어할 것이다. 그러다가 얼
마 지나면 아이도 블록 쌓기에 동참하게 될 것이다. 엄마가 쌓은 블록 위에 블록을
얹기 위해 애쓰면서 블록 쌓기를 배워나간다. 균형은 습득하기에 가장 어려운 기
술 가운데 하나다. 균형감을 기르기 위해서는 신체 운동을 조절할 수 있어야 하며,
따라서 보다 정교한 운동 기능이 요구된다. 아이는 어떤 물체 위에 또 다른 물체를
쌓는 연습을 계속 반복한 뒤에야 마침내 탑을 쌓을 수 있게 된다. 규칙적인 모양의
블록을 쌓는 일은 모양이 불규칙한 물건을 쌓는 것보다는 훨씬 쉽다.

아주 어린 아이의 경우에는 바구니에 장난감들을 그저 집어넣는 정도도 훌륭
한 활동이다. 엄마가 바구니를 기울여 블록들을 조심스럽게 쏟으며 다른 블록들
위에 떨어뜨리는 놀이를 하면, 아이도 엄마를 따라 하게 된다. 아이가 자라면서 처
음에 했던 간단한 움직임은 초보적 수준의 놀이로 변모한다. 이때는 엄마가 아이
와 함께 만든 질서 잡힌 환경 속에서 아이가 만족을 찾을 수 있도록 도와주는 활동
으로 다시 또 변모한다. 그러면 아이는 블록을 다시 가지고 놀고 싶을 때 그것을
어디에서 찾아야 하는지를 알게 된다.

울타리

인형극 놀이를 하면서 아이에게 울타리에 대해 알려주면, 아이는 엄마의 행동을 따라 할 것이다. 문을 열었다 닫았다 하거나 동물 인형들이 울타리 위로 넘어가게 하는 것도 재미있는 반복 놀이가 될 수 있다.

초록색 천으로 풀밭을 만들고, 동물들이 달아나지 못하도록 울타리를 세우고, 솔방울로 나무를 만들어서 풍경을 꾸며준다. 그리고 아이가 주변 환경 속에서 인지한 것을 재연할 수 있도록 도와준다. 인형극 놀이용 인형들과 동물 인형들을 등장시킬 수도 있다. 이다음에 아이를 목장이나 시골에 데리고 갔을 때, 아이는 자연 속에 있는 울타리와 동물들을 알아보게 될 것이다.

나무 울타리 만들기

크기를 달리하고, 가로대나 말뚝의 개수를 달리하여 나무 울타리를 다양하게 만들어보자.
가령 다섯 개의 가로대가 달린 문을 만들어볼 수도 있고, 한 개의 가로대만 사선으로 비스듬히
달린 문을 만들어볼 수도 있다.

나뭇가지, 톱, 사포, 끌, 납작한 나무 막대기(아이스바 막대기를 활용해보자), PVA 접착제 또는 망치와 가는 못, 올리브오일과 헝겊(선택 사항)

❶ 두 개의 말뚝이 세워진 울타리를 만들기 위해 나뭇가지를 길이 10cm, 지름 2.5cm로 잘라낸다.

❷ 사포나 끌의 옆면을 이용하여 겉면을 매끈하게 다듬는다. 끌은 항상 바깥 방향으로 밀어야 한다.

❸ 나뭇가지가 세워져야 하므로 위아래 면을 사포로 잘 문질러 평평하게 다듬는다.

❹ 납작한 나무 막대기에 접착제를 발라 말뚝에 붙이거나 가는 못을 박아 울타리의 가로대를 만든다. 원할 경우 표면에 기름칠을 하고 헝겊으로 문질러 윤을 낸다.

나무 블록 만들기

12개월이 지난 아이들이 가지고 놀 경우에는 나무껍질을 제거하지 않아도 되지만,
거칠거칠하거나 너덜너덜한 부분이 있으면 사포로 문지르거나 끌질을 해주어야 한다.

준비물
나뭇가지, 바이스, 톱, 사포, 끌, 전동
샌더(선택사항), 올리브오일과 헝겊
(선택사항)

❶ 물기가 잘 마른 나뭇가지를 바이스에 끼우고, 원반 모양과 원통 모양으로 여러 개 자른다. 블록들을 쌓아 올릴 수 있어야 하므로 지름 2.5∼12cm, 높이 1.5∼12cm 내에서 크기를 다양하게 구성한다.

❷ 사포나 끌의 옆면을 이용하여 겉면을 매끈하게 다듬는다. 끌은 항상 바깥 방향으로 밀어야 한다.

❸ 나뭇가지가 세워져야 하므로 위아래 면을 사포로 잘 문질러 다듬는다.

❹ 나무껍질을 말끔히 벗겨내려면 블록을 바이스에 끼우고 전동 샌더를 이용하여 매끈하게 밀어준다.

❺ 원할 경우 사포로 문지른 부분에 기름 칠을 하고 헝겊으로 문질러 윤을 낸다.

북실북실 털방울

털방울은 쉽게 만들 수 있다. 잠깐만 조몰락거리면 뚝딱 완성되고, 만드는 과정에
온 신경을 기울일 필요도 없다. 털실을 안팎으로 감는 반복 동작은 유쾌하며, 아이에게
자장가를 불러주며 할 수 있을 정도로 쉽게 만들 수 있다. 반복적인 동작은 엄마와
아이 모두의 마음을 달래주고 진정시켜준다.

감각의 즐거움

털방울은 기거나 걷기 시작하는 아이가 가지고 놀기에 가장 적합하다. 아주 어린
아이들은 뭐든지 입으로 가져가는데, 털실을 아주 꼭꼭 감지 않으면 털방울의 털
실이 풀릴 수 있다. 갓난아이들에게는 털실을 단단하게 감아 만든 털방울 몇 개를
아기침대에 달아주어 아이가 손을 뻗어보거나 이리저리 쳐볼 수 있게 하자.

    털방울은 북실북실하고 폭신하다. 털방울을 꼭 쥐고 만지면서 그 감촉을 느
끼는 일은 조금 큰 아이들에게는 멋진 감각 체험이 된다. 짧은 길이의 끈에 털방울
을 묶어 매달아주면 아이는 털방울을 쳐내며 재미있게 놀 것이다. 아이가 털방울
을 만지거나 가지고 놀면서 발달시키는 감성은 아이의 촉각을 활성화하는 데에도
도움이 된다.

쓰임새 많은 장난감

털방울은 만들기도 쉽고 금방 만들 수 있다. 크기가 다른 털방울을 두 개 만들어서

> "창의력은 갓난아이들이 자기 자신을 어떤 일이 일어나는
> 원인으로 보는 것에서부터 시작된다."
>
> – 티나 브루스, 『영유아의 창의력』 중에서

하나는 머리, 하나는 몸통으로 하여 연결해 붙이면 52쪽에 나오는 복슬복슬 병아리를 비롯한 여러 다양한 장난감들을 만들 수 있다.

북실북실 털방울 만들기

털방울은 아주 쓰임새가 많아서 더하거나 빼내면 갖가지 보드랍고 재미있는 장난감들을
만들 수 있다. 털방울에 끈만 달아줘도 아이가 만지며 재미있게 놀 수 있다.

준비물

두꺼운 종이, 털실, 컴퍼스, 연필,
가위, 바늘(선택사항)

❶ 컴퍼스에 연필을 끼워 두꺼운 종이 위
에 같은 크기로 두 개의 원을 그린다.

❷ 그린 두 개의 원 안에 작은 원을 한 개씩
그린다. 작은 원의 크기는 큰 원의 반지름
의 절반 정도여야 한다.

❸ 큰 원을 오린 뒤 작은 원도 오리면, 크
기가 똑같은 고리 두 개가 나온다.

❹ 두 개의 고리를 겹친 뒤 털실을 단단하
고 균일하게 감는다. 바늘에 털실을 끼워
감을 수도 있다. 가운데 구멍이 메워질 때
까지 계속 감는다.

❺ 원의 테두리를 따라 가위로 털실을 잘
라 나간다. 즉, 두 개의 고리 사이로 가위
질을 하여 털실을 자른다.

❻ 털실 한 가닥을 빼서 두 개의 고리 사이
에 집어넣고, 가운데를 두어 번 돌려 감은
뒤 꼭꼭 잡아당겨 매듭을 묶는다. 원할 경
우 매달 수 있도록 적당한 길이로 털실을
붙여 단다.

❼ 고리를 빼낸다.

❽ 털방울의 털을 북실북실하게 만들고,
비어져 나온 털실이 있으면 잘라내어 손
질한다.

두둥실 나무 배

대부분의 아이들은 물에서 놀기를 좋아하고, 특히 물 튕기기와 물에 무언가를 띄우는
것을 좋아한다. 아이가 목욕통 안에 앉을 수 있게 되면 가지고 놀 장난감이 필요하다.
아이는 장난감이 물 위에서 뒤집히거나 물 속으로 빠진다고 해서 풀죽지 않고,
장난감을 밀고 놀면서 그것이 떠다니는 것을 보며 좋아할 것이다. 이때 엄마의 역할은
장난감을 다시 밀어주는 것이다.

물 위를 떠다니는 장난감

나무 배는 손쉽게 만들 수 있는, 물 위를 둥둥 떠다니는 장난감이다. 배의 모양은
단순하게 만들자. 아주 어린 아이들은 돛단배를 알지 못하므로 배에 돛을 달 필요
는 없다(아이를 강에 데리고 나가 배를 보여주거나 노를 젓게 하면 의미를 전달할 수 있을
것이다). 다양한 모양으로 배를 만들 수 있다. 너덜너덜한 부분만 제거한다면 나무
껍질이 붙어 있는 상태로 만들 수도 있고, 조그만 인형들을 태울 수 있을 정도의 크
기로 만들 수도 있다.

　　나무껍질 조각으로 배를 만드는 것은 창의력과 상상력을 발휘할 수 있는 활동
이다. 자연 속에서 재료를 찾는 일은 형태를 볼 줄 아는 능력을 키우는 데 도움이
된다. 아이 앞에서 나무 조각을 리듬감 있게 사포로 문지르거나 깎아내면 아이가
좋아하며 흥미를 갖고 지켜볼 것이다. 거친 사포와 매끈한 나무 조각을 만져보는
것 또한 아이의 촉각 발달에 도움이 된다.

뱃놀이

아이가 바닥에 앉아서 놀 수 있게 되면 파란색 천으로 호수와 강을 꾸미고, 깃털이
나 헝겊 조각 또는 종이로 파도를 만들어주자. 아이는 배 위에 작은 사람 인형이나
동물 인형, 조개껍질, 꽃 등을 올려놓기를 좋아할 것이다. 동물 인형들은 물을 마
시거나 배를 구경하기 위해 호숫가로 내려오고, 오리 인형은 강 위를 둥둥 떠다닐
것이다. 바깥에서 놀 경우에는 웅덩이에 배를 띄워주거나 정원이나 모래 놀이터

에 조그만 미니 개울을 만들어주자.

배를 띄우고 놀면서 잔잔한 물살을 일으키면 아이는 물의 움직임을 느낄 수 있고, 배가 움직이는 방향이 달라지는 것을 볼 수 있다. 배를 가지고 놀면서 장단을 살려가며 동요《비행기》의 음에 맞춰 아래 나오는 노랫말로 차분하게 노래를 불러보자. 아이들은 이 단순한 노래를 좋아하고, 엄마가 불러주는 노래를 즐거운 마음으로 듣고 또 듣는다.

우리 아기 나무 배
물 위를 떠 가네.
둥실둥실 떠 가네.
예쁜 나무 배.

두둥실 나무 배 만들기

단순한 모양의 장난감 배는 목욕 시간을 즐겁게 해준다. 아주 어린 아이가 가지고 놀 경우에는
기본적인 배 모양에 돛대를 달지 않은 형태로 단순하게 만들어도 된다.

준비물

얇게 잘라낸 껍질 없는 통나무 조각, 종이, 연필, 바이스, 실톱, 드릴과 날, 목심(목다보), 톱, PVA 접착제, 단색 펠트 천, 올리브오일과 헝겊

❶ 종이를 반으로 접고 배의 밑면을 반쪽만 그리고 자른 다음 편다. 이렇게 만들어진 본을 두께 2.5cm 정도의 나무 조각 위에 올려서 옮겨 그린 뒤 가운데에 돛대를 달 자리를 표시한다.

❷ 나무 조각을 바이스에 끼우고 실톱을 써서 배 모양대로 자른다. 바이스에 끼워 놓은 상태에서 돛대를 달 구멍을 드릴로 뚫는데, 이때 나무 조각을 관통하지 않도록 조심한다. 드릴을 쓸 때는 목심의 크기를 감안한다.

❸ 돛대로 쓸 목심을 알맞은 길이로 자른 뒤 접착제를 발라 구멍에 끼운다.

❹ 펠트 천을 세모 모양으로 오려서 반으로 접어 돛대에 감고 접착제로 붙인다. 펠트의 모양을 다듬고 벌어진 면에 접착제를 발라 붙인다. 나무에 기름칠을 하고 헝겊으로 문질러 윤을 낸다.

칙칙폭폭 나무 기차

여기 소개되는, 나무로 만든 기차 같은 밀면서 노는 장난감은 이제 막 움직이기
시작한 아이가 가지고 놀기에 좋은 장난감으로, 활동과 움직임을 촉진해준다. 리듬은
아이의 성장 발달에 특히 중요하다. 하나의 운동을 반복하면서 아이는 새로운 동작을
발견하게 되고, 이 운동은 아이의 근육에 새로운 기술과 힘을 실어줄 것이다.

기차 놀이

나무 기차를 만드는 데는 특별히 어려운 기술이 필요하지 않다. 먼저 모서리가 둥
그런 나무 조각을 준비하여 밑면을 평평하게 다듬어서 바닥에 잘 설 수 있게 한
다. 나무 조각 한 개로 객차 한 량을 만들 수 있고, 이것들이 몇 개 더 있으면 연결하
여 기차를 만들 수 있다.

　　기차 만들기는 창조력이 발휘되는 작업이다. 나무 조각을 우묵하게 파내면
좌석이 만들어진다. 객차의 윗부분을 잘라내고 앞부분을 뾰족하게 깎아내면 기차
의 맨 앞에 놓이는 기관차가 만들어진다. 조금 더 작은 통나무 조각으로 굴뚝을 만
들어 나사로 연결하거나 기관사를 위한 신호소를 세울 수도 있다. 네모난 헝겊 조
각을 끈으로 묶어 만든 인형은 승객이 된다.

　　아이가 조금 더 크면 각 차량의 앞부분에 훅을 나사로 고정시켜 달고 차량의
뒷부분에 고리를 나사로 고정시켜 달아줄 수도 있다. 그렇게 되면 아이는 차량들
을 연결하며 놀 수 있다.

"놀이는 인생을 위한 연습이다."

– 샐리 젠킨슨, 『놀이의 재능』 중에서

인형극 놀이

바닥에 천을 깔고 기차를 놓은 뒤 간단하게 배경을 꾸며주면 재미가 더할 것이다. 기어다니는 아이는 기차 안 좌석에 조그만 인형들을 집어넣었다 뺐다 하면서 재미있어한다. 이때 엄마가 함께 놀아주면 더욱 좋다. 엄마가 진지한 태도로 놀아주면 아이는 엄마의 태도를 모방하여 행동을 그대로 따라 한다. 이것은 아이의 성장 발달에도 영향을 미친다. 또한 엄마가 만들어준 장난감에는 엄마의 정성이 담겨 있기에 아이는 그 장난감을 가지고 놀기를 더 좋아한다.

칙칙폭폭 나무 기차 만들기

아주 어린 아이들이 가지고 놀 장난감을 만들 때는 장난감을 입에 넣고 씹는 아이를
보호하기 위해 나무껍질을 완전히 밀어내야 한다.

❶ 기관차 만드는 방법: 나무토막을 바이스에 끼우고 톱을 이용해 세로로 반으로 자른다. 한쪽 끝을 세모꼴로 자른다. 바이스에 끼워진 상태에서 끌로 구멍을 우묵하게 파서 기관사 좌석을 만든다.

❹ ❷와 ❸의 방법대로 객차를 몇 대 더 만들고, 톱질했던 자리를 전동 샌더나 사포로 문질러 매끈하게 다듬는다.

❺ 원할 경우, 기관차에 조그만 나무토막을 접착제로 붙여서 굴뚝을 만드는 등의 방법으로 좀 더 꾸며줄 수 있다.

❻ 톱질했던 자리에 기름칠을 하고 헝겊으로 문질러 윤을 낸다.

❷ 객차 만드는 방법: 나무토막을 바이스에 끼운 뒤 끌로 구멍을 우묵하게 파서 승객이 앉을 좌석을 만든다.

❸ 기관차와 객차가 흔들리지 않고 바로 설 수 있도록 뒤집어서 밑면을 대패로 편평하게 깎는다.

부르릉 자동차

아이들은 무언가를 굴리며 노는 것을 무척 좋아한다. 둥그런 통나무 조각에 바퀴를
달아서 간단하게 만든 장난감은 아이의 움직임과 다른 감각들의 발달을 점진적으로
촉진해준다. 107쪽에 소개된 나무 기차 만들기를 바탕으로 통나무 조각에 바퀴를
달아 자동차를 만들어보자.

감각의 자극

여기 소개되는 바퀴 달린 자동차는 어린 아이와 큰 아이 모두가 갖고 놀기에 적
합한 장난감이다. 자동차를 가지고 놀면 아이의 움직임이 촉진될 뿐만 아니라 청
각 등의 감각도 발달된다. 맨바닥에 바퀴 달린 장난감을 앞뒤로 굴리면 소리가 난
다. 이 소리는 앉는 단계에 있는 아이의 관심을 끌게 되어 아이는 장난감을 손으로
집어 들고 가지고 놀기 시작한다. 아이가 기어다니기 시작하면 방에 있는 장난감
들을 밀고 쫓아가곤 한다. 얼마 지나면 아이는 그것을 손에 쥐고 한 손으로 굴리면
서 기어다닌다.

바퀴 달린 자동차는 통나무 조각으로 간단하게 만들 수 있다. 바퀴는 통나무
를 얇게 자른 조각으로 튼튼하게 달도록 하고, 아이가 자칫 나무껍질을 먹을 수 있
으므로 나무껍질은 가능한 한 많이 벗겨내는 것이 좋다. 바퀴 부분의 나무껍질은
특별히 더 꼼꼼하게 제거해야 한다.

> "아이의 놀이는 놀이의 기쁨 그 자체에 동기가 있다."
>
> – 라히마 볼드윈 댄시, 『당신은 당신 아이의 첫 번째 선생님입니다』 중에서

굴려보기

아이는 자동차에서 운전사를 꺼냈다 집어넣기도 하고, 자동차를 밀기도 하면서 즐거워할 것이다. 자동차에 원목 비즈 구슬을 접착제로 붙이거나 아이가 가지고 있는 조그만 장난감들을 활용하여 모양을 꾸밀 수도 있다. 아이 쪽으로 자동차를 살살 굴려보자. 아이가 좀 더 잘 움직일 수 있게 되면 쿠션으로 만든 경사로가 있는 도로를 만들어서 자동차를 굴릴 수 있게 만들어주자.

부르릉 자동차 만들기

나무 조각에 드릴로 구멍을 뚫어 운전석과 좌석을 만들어 나무 인형을 태워보자.

❶ 차체로 쓸 통나무 조각을 준비한다. 끌의 측면을 이용하여 너덜너덜한 나무껍질을 벗겨낸다. 끌은 항상 바깥 방향으로 밀어야 한다. 통나무 조각을 사포로 매끈하게 문지른다.

❷ 통나무 조각을 바이스에 끼우고 끌을 써서 속을 조개껍데기 모양으로 파내어 운전석을 만든다.

❸ 자투리 나무 조각으로 나무 인형을 만들고자 한다면 통나무 조각이 바이스에 끼워져 있는 상태에서 드릴로 구멍을 뚫어 나무 인형을 집어넣을 수 있는 공간을 만든다. 이때 드릴이 통나무 조각을 관통하지 않도록 주의한다.

❹ 통나무 조각이 바이스에 끼워져 있는 상태에서 드릴로 옆을 관통하는 구멍을 뚫어 앞바퀴를 달 목심을 집어넣을 구멍을 만든다. 같은 방법으로 뒷바퀴를 달 목심을 집어넣을 구멍도 만든다.

❺ 통나무 조각을 바이스에서 꺼낸다. 차체에 끼우고 바퀴를 달 목심 두 개를 길이에 맞게 잘라낸다. 드릴로 뚫어 만든 두 개의 구멍에 목심을 끼운다.

❻ 같은 크기로 통나무 조각 네 개를 얇게 잘라 바퀴를 준비한다. 바퀴 가운데에 목심에 끼울 구멍을 드릴로 뚫는다(이때 드릴이 바퀴를 관통하지 않도록 주의한다).

미끄르르 오리

바퀴가 달린 장난감들이 제공하는 놀이의 가능성은 끝이 없다. 아이가 좀 더 잘 움직일
수 있게 되면, 밀고 다니는 장난감은 기기와 걸음마를 배우게 되는 아이의 움직임을
자극하기에 이상적인 놀이기구다. 밀고 다니는 장난감은 영유아기 성장 발달에 있어
대단히 중요한 움직임을 유지하고 촉진시킬 것이다. 반복 동작은 학습과 발견을 돕는
것은 물론 신체 근력을 키우고 조절력을 가르쳐주는 데도 도움이 된다.

다양한 모양

밀고 다니는 장난감은 아이가 계속 움직이도록 하는 활동과 균형을 촉진하고, 아
이의 놀이 능력을 자극하며, 타인과의 상호작용 능력 또한 향상시켜준다. 108쪽
에 소개된 부르릉 자동차의 다음 단계라고 할 수 있는 이 장난감은 부르릉 자동차
보다 크기가 좀 더 크며, 기어다니는 아기와 걸음마를 시작한 아이들, 걸어다니는
아이들 모두 가지고 놀 수 있다. 모양은 아이의 나이에 상관없이 동일해도 되지만,
손잡이의 길이나 바퀴의 모양 같은 것은 아이의 나이와 놀이 방식에 따라 조정되
어야 한다.

기본적인 동물 모양에 바퀴를 달면 기어다니는 아이가 밀면서 놀 수 있다. 약
간만 밀면 앞으로 굴러가기 때문에 아이는 자신의 힘으로 장난감이 움직인다는 사
실에 기뻐할 것이다. 장난감을 쫓아서 기어다니는 것 또한 무척 재미있어한다. 엄
마와 아이 사이에서 엄마가 장난감을 굴릴 경우에는 항상 장난감의 머리 부분이
앞을 향하도록 하여 굴려주어야 함을 잊지 말자.

그다음 단계는 아이가 잡을 수 있는 손잡이 역할을 할 꼬리를 다는 일이다. 이
손잡이의 길이는 달라질 수 있다. 아이가 걷게 되면 앞에 놓고 밀고 다닐 수 있는
적당한 길이의 손잡이가 달린 장난감을 만들어줄 수 있다.

바퀴의 크기가 너무 커서는 안 되며 손잡이 끝부분은 아이가 쉽게 잡을 수 있
도록 만들어야 한다. 장난감의 중심부에서 벗어난 위치에 구멍을 뚫고 바퀴를 달
아주면 움직일 때마다 덜컹거려서 아이가 더 좋아할 것이다.

단계별 선택

부모는 아이의 발달 과정을 면밀히 파악하고 있어야 하며, 아이의 나이가 아니라 해당 발달 단계에 맞춰 조치를 취해야 한다. 아직 아이가 준비되지 않은 상태에서 장난감을 주면 아이의 기만 죽이게 될 수도 있다. 그런 경우가 일어난다고 해서 당황하지 말고, 문제가 된 장난감을 잠시 치워두었다가 나중에 다시 줘보자.

미끄르르 오리 만들기

여기에서는 오리 모양을 소개했지만, 병아리나 펭귄 등등 우리 아이가 좋아하는 동물 모양으로 만들어보자. 바퀴를 중심에서 약간 벗어나게 달아주면 덜컹거리는 재미가 있을 것이다.

❶ 종이에 연필로 오리 모양을 그리고 기름종이를 대고 베낀 뒤, 2.5cm 두께의 나무 조각에 올려놓고 문질러 옮긴다.

❷ 나무 조각을 바이스에 끼우고 실톱을 이용해 모양대로 잘라낸다. 나무 조각이 바이스에 끼워져 있는 상태에서 두 개의 바퀴를 연결할 가는 목심을 집어넣을 구멍을 드릴로 뚫는다.

❸ 오리 몸체를 만들고 남은 조각에서 바퀴 두 개를 잘라낸다. 두 개의 바퀴 크기가 같아야 하므로 컴퍼스로 원을 그려 만든다.

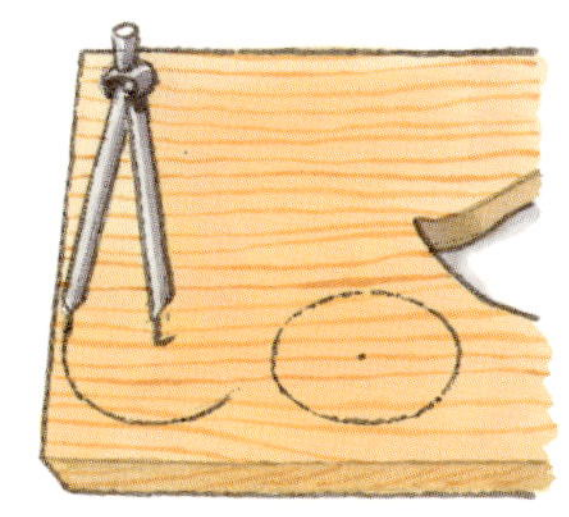

❹ 바퀴에 목심을 끼울 구멍을 드릴로 뚫는다. 구멍은 두 개의 바퀴 모두 같은 위치에 뚫어야 하며, 중심에서 약간 벗어난 자리에 뚫어야 한다. 먼저 바퀴 중심을 컴퍼스로 찍어놓고 연필로 가로축 세로축을 십자로 그려 표시한다. 두 개의 바퀴를 나란히 놓고 바퀴의 가로축과 가는 목심의 아랫변이 맞닿게 목심을 바퀴 위에 올린다. 목심의 윗변과 바퀴의 세로축이 맞닿는 지점에 연필로 표시를 한다. 표시한 곳에 드릴로 구멍을 뚫는다. 이때 드릴이 바퀴를 관통하지 않도록 유의한다.

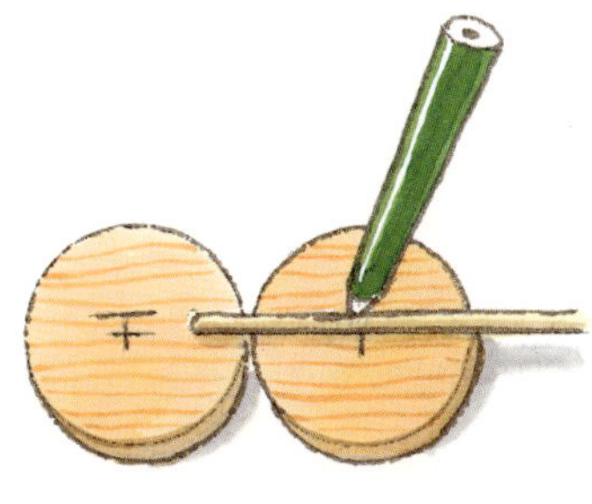

❺ 오리 몸체에 집어넣고 바퀴를 끼울 가는 목심을 자른다.

❻ 아이가 서서 밀 수 있도록 손잡이로 쓸 굵은 목심을 아이의 키에 맞춰 적당한 길이로 자른다. 오리 몸체를 다시 바이스에 끼우고 손잡이를 끼울 수 있도록 꽁지 쪽에 드릴로 구멍을 뚫는다.

❼ 몸체와 바퀴를 조립한다. 가는 목심을 오리 몸체에 집어넣고 양끝에 접착제를 발라 바퀴를 단단히 붙인다. 오리 꽁지 쪽에 접착제를 발라 손잡이를 붙이고 손잡이 끝에 커다란 비즈를 붙여준다.

❽ 검은색 매직펜으로 오리 얼굴 양면에 눈을 그려주어도 된다. 기름칠을 하고 헝겊으로 문질러 윤을 내어 마무리한다.

슝슝 미끄럼대

아이들은 움직이는 것들이나 동작을 일으키는 것들을 좋아한다. 아이가 처음으로
무언가를 뿌릴 때 기뻐하는 모습은 참으로 사랑스럽다. 아이는 물이 이곳에서
저곳으로 흘러가는 것을 보는 것을 좋아하는데, 이것은 아이의 감각들에 활기를
불어넣어 준다. 여기에 소개되는 슝슝 미끄럼대는 창의력과 모험심을 길러주기에
제격이다.

창의력 놀이

아직 어린 아이라도 엄마가 배 위에 물을 뿌리면 아이는 반응을 보인다. 아이가 조금 더 자라서 앉을 수 있게 되면 아이는 욕조나 물놀이 풀 또는 세면대나 냇가에서 작은 컵이나 병, 숟가락 등을 가지고 물을 뿌리며 물놀이하는 것을 무척 좋아한다.

좀 더 큰 아이들은 슝슝 미끄럼대를 가지고 물이나 모래 등을 뿌리며 노는 놀이를 할 수 있는데, 이것은 아이가 보다 창의적으로 놀이를 할 수 있게 해준다. 미끄럼대의 폭을 좁게 만들면 마른 모래를 뿌려서 내려 보낼 수도 있고, 미끄럼대의 폭을 넓게 만들면 털실 공이나 털방울(70쪽과 96쪽)을 미끄럼 태울 수 있다.

슝슝 미끄럼대의 길이와 폭을 달리하여 여러 개 만들어놓으면 아이는 미끄럼대를 이용하여 물건들을 미끄럼 태우기뿐 아니라 떨어뜨리기 놀이도 할 수 있다. 슝슝 미끄럼대 밑에 쿠션을 받친 뒤 나무 블록으로 균형을 맞춰주고, 모랫바닥에서 놀 때는 모래 속에 갈라진 막대기를 박고 그 위로 미끄럼대를 올려놓으면 된다. 수준에 맞춰 적당한 간격을 두고 미끄럼대들을 배치해보자. 각 미끄럼대의 방향을 달리하여 놓을 수도 있다. 이것은 과학적 놀이의 시작이다.

> "같은 것을 방법을 달리하여 실험하는 것은
> 창의적 과정의 한 단면이다."
>
> – 티나 브루스, 『영유아의 창의력』 중에서

모험정신

인형극 놀이에서도 슝슝 미끄럼대를 활용할 수 있다. 미끄럼대를 바닥에 뒤집어놓아 터널을 꾸미거나 밑에 블록들을 깔고 다리를 만들어보자. 미끄럼대 안에 사람과 동물 인형들을 태우고 파란색 천을 깔아서 바다를 만들어 바다 위를 항해하는 배로 꾸며볼 수도 있고, 정원의 울타리나 집의 지붕으로 활용할 수도 있다. 이런 장난감이 지닌 무한한 가능성은 아이에게 모험정신을 심어줄 수 있다.

슝슝 미끄럼대 만들기

키친타월이나 알루미늄 포일의 심을 활용하여 다양한 색깔과 크기의 슝슝 미끄럼대를 만들어보자.

❶ 가위를 이용하여 원통을 세로로 자른다. 본인이 원하는 정도에 따라 많이 잘라낼 수도 있고, 조금 잘라낼 수도 있다.

❷ 원통을 감쌀 수 있을 정도의 폭으로 색상지를 잘라 원통 안에 말아 넣는다.

❸ 원통 안쪽에 풀을 발라 색상지를 붙이고 원통 바깥쪽에도 붙인다. 가로면 양끝에 색상지가 남는 부분은 새김눈 모양으로 작게 오려 원통 바깥으로 접어 풀로 붙인다.

❹ 원통 바깥쪽의 색상지 세로면의 양끝은 겹쳐 붙인다. 모서리의 남는 색상지를 깔끔하게 도려내어 정리한다.

❺ 위와 같은 방법으로 길이나 폭을 달리하여 슝슝 미끄럼대를 한 개 더 만든다. 원할 경우 슝슝 미끄럼대의 겉면에 무독성 친환경 니스를 발라주어도 좋다.

Wonder

경이

경이에 대하여

경이의 감정은 우리 자신과 세상에 대한 존중을 바탕으로 형성된다. 세상에서 아름다움을 찾아내는 것은 우리가 지닌 경이의 감정이고, 이것은 우리가 고난이나 불행에 직면하게 될 때 우리를 기운 나게 한다. 그런 까닭에 경이의 감정은 우리의 영혼 속으로 깊숙이 들어오는 유일한 인간적 경험으로 인정되어야 할 것이다. 경이의 감정이 없으면 삶은 참으로 따분할 것이다. 아이들은 놀이를 통해 경이를 표현하고 우리의 삶에 경이의 감정을 선사해준다.

경이의 씨앗

경이의 감정은 유년기의 자연스런 반응이며 건강한 학습을 위한 기초로서 유년 시절 내내 길러져야 한다. 눈, 코, 입을 구체적으로 꾸미지 않고 단순한 형태로 만든 헝겊 인형의 얼굴을 보게 될 때 아이는 그 속에 자신의 감정과 상상, 창의적 에너지를 투영할 수 있다. 아이는 인형을 웃거나 울게 만들 수도 있고, 화를 내거나 지쳐 있는 모습으로 만들 수도 있으며, 말을 하게 만들 수도 입 다물게 만들 수도 있다. 이는 결코 과소평가할 일이 아니다. 운동이나 음악을 연습하여 익히듯이 창의력 역시 연마될 수 있다. 영유아나 어린이들은 창의적인 천성을 지니고 있기 때문이다.

경이의 씨앗이 담겨 있는 활동들이 있는데, '흉내 놀이'가 그 예이다. 이 역할은 대체로 엄마가 책임지고 있다. 엄마의 삶을 영원히 변화시켜줄 이 새로운 피조물에게 엄마는 경이의 감정을 가득 채워주게 될 것이다. 엄마의 사랑을 갈망하고 보답하는 아이에게 엄마가 느끼는 경이의 감정은 아이에게 정신적 환경을 만들어준다. 이는 아이에게 흡수되어 아이가 타인을 존중할 수 있게 하고 당당한 창의성의 원천이 된다. 과학의 토대로 작용하는 경이의 감정은 연구하고 분석하고픈 의지를 샘솟게 하고 결실을 맺게 하는 1차적 감정이다. 경이의 감정을 통해 우리의 상상력은 활기를 띠게 되고, 우리는 세상을 재창조할 수 있다. 아인슈타인은 이렇게 술회했다.

나 자신과 나의 사고방식을 살펴볼 때, 추상적이고 긍정적인 생각을 할 때 다른 그 어느 재능보다도 환상이라는 선물이 내게 보다 의미 있게 다가온다는 결론에 도달한다.

경이로운 세상

부모의 임무는 경이의 감정이 쇠퇴되지 않는 세상을 아이에게 만들어주는 것이다. 엄마가 만들어주는 장난감들은 어른의 눈에는 단순해 보일지 몰라도 아이에게는 경이의 감정을 샘솟게 하는 원천이다. 아이가 창문 장식 액자(138쪽)가 벽에 반사되어 만들어지는 색채를 파악하기 위해 애쓰는 모습이나 보물 바구니(130쪽) 안의 물건들을 마치 처음 보는 것처럼 다루는 모습을 관찰해보라. 어른들이 삶의 '현실'이라고 부르는 것이 끼어들어 방해할 날이 곧 다가오게 되겠지만, 나중에 아이가 그 '현실' 세상에 맞서 극복해나가기 위해 필요한 능력을 키울 수 있도록 경이로움을 느낄 수 있는 세계를 만들어주자.

엄마가 아이를 위해 장난감을 만들어주는 일은 시간과 노력을 들일 만한 가치가 충분하다. 엄마가 만들어주는 것들은 아이의 눈에는 그저 단순한 물건이 아니기 때문이다. 언어에도 경이의 감정이 담겨 있기 때문에 아이와 놀 때 엄마가 하는 말과 어조는 장난감을 대하는 아이의 상상력을 보다 강화해준다는 사실을 아울러 기억하자.

아이가 엄마에게 방긋 웃고 이에 엄마가 아이에게 미소로 화답하는 순간 아이에게는 경이로움으로 다가온다. 이 순간 아이는 인간관계의 잠재력을 깨닫게 되는 것이다. 아이는 자신이 알지 못했던 곳에 존재하는 무수한 느낌들에 눈을 뜨게

생각이 지니는 영향력

타인에 대해 우리가 품는 생각은 비록 그것이 명백하게 드러나지는 않더라도 타인에게뿐 아니라 우리 자신에게도 영향을 미친다. 생각은 우리 머릿속에 있다고 해서 흐릿하거나 내밀한 것이 아니다. 소련의 발달심리학자였던 레브 비고트스키는 "생각에는 감정의 변형된 요소가 들어가 있다"고 지적한 바 있다. 사랑한다는 생각은 하나의 사실이며, 아이는 그 위에서 잘 자란다. 우리가 놀이에 얼마나 열중하느냐는 우리가 상상하는 이상으로 전파력이 크다. 사랑은 상호적이며, 우리에 대한 아이의 사랑과 믿음 속에서 우리는 삶을 지탱해나갈 힘을 얻을 수 있는 것이다.

되고, 자신이 거기에 영향을 미칠 수 있음을 깨닫게 된다.

영적인 유대관계의 진전

경이의 감정에는 영적(靈的)인 성질이 있다. 영적이라는 말은 인간의 특성을 표현할 때 많이 쓰이기는 하지만 다소 막연한 표현인 것도 사실이다. 영적인 성질은 내적 수련이나 고행, 또는 존재에 대한 심오한 사색과 같은 복잡한 과정에만 있는 것이 아니라 생활 속 단순한 것들에서도 존재할 수 있다. 아이에 대한 사랑과 경이의 감정은 잠재의식 속의 생존 기법이나 유전 형질, 다음 세대에 대한 보호 본능의 차원을 넘어서는 영적인 체험이다. 우리에게서 멀어져 있을지 모르는 경이의 감정을 아이들은 때로 놀라운 방식으로 우리에게 직접 느끼게 해준다.

다양한 내용과 형태의 창의적인 놀이들은 뜻 깊고 초시간적인 영적 과정이다. 분명 현시대의 삶은 우리가 만들어낸 현대적 사회를 해독할 치료 수단이 절실히 필요하다. 블레이크는《순수의 전조》라는 시에서 '한 알의 모래'라는 시어를 사용하여 어린 시절을 관조하고 있다. 다행인 것은 아이들이 그것을 우리에게 상기시켜주고 우리가 그것의 아름다움을 스스로 열어볼 준비가 되어 있을 때는 우리를 그곳으로 인도해준다는 사실이다.

한 알의 모래에서 세상을 보고
한 송이 들꽃에서 천국을 본다.
너의 손바닥에 무한을 쥐고
한순간에 영원을 담아라.

이 같은 시각은 삶에 대한 신비적 접근이나 감상적 접근이라기보다는 우리가 누구인지, 그리고 아이들이 어떤 존재들인지에 대한 사실적 해석이라고 보아야 할 것이다. 엄마가 아이를 위해 장난감을 만들고 함께 놀아줄 때도 이를 떠올리자. 엄마와 아이는 경이의 세계를 찾아낼 것이고, 그것의 혜택을 입게 될 것이다.

모래 상자

아이들은 자연을 경이롭게 느낀다. 아이들에겐 바깥에서 많은 시간을 보내는 게 중요하지만, 이것이 언제나 가능하지는 않다. 휴대용 모래 상자는 아이들이 밖에서 놀 수 있게 해줄 뿐 아니라, 바깥에 나갈 수 없을 땐 실내에서도 밖에서 노는 것처럼 놀 수 있게 해준다.

상상 놀이

모래는 최고로 멋진 놀잇감이다. 물을 약간 섞고 빚어서 다양한 모양을 만들며 놀 수도 있고, 마른 상태의 모래를 붓거나 똑똑 떨어뜨리며 놀 수도 있다. 상자를 몇 개 더 만들어서 상자별로 모래나 진흙, 물이나 도토리 등을 담아둘 수도 있다. 진흙은 진흙 상자에 담겨야 하고, 모래는 모래 상자에 담겨야 한다는 것을 아이는 엄마에게 배우게 될 것이다. 진흙과 흙, 모래는 아이들이 처음 접하게 되는 공작 점토다. 아이는 이것들을 주무르고 빚어서 탑이나 성, 길 등 아이가 원하는 어떤 모양이라도 만들어낼 수 있다. 상상 놀이에는 한계가 없다. 아이가 터널을 만들었을 때 터널 끝에서 엄마 손가락이 나오면 아이는 무척이나 좋아할 것이다.

아이에게 모래 놀이 도구를 줄 경우에는 단순한 것들이 좋다. 가리비 껍데기는 삽으로 쓰기에 안성맞춤이고 크기도 고사리 손으로 쥐기에 딱 좋다. 체나 채반, 조그만 컵이나 병도 모래 놀이를 할 때 쓰기에 적당하다. 아이가 좀 더 자라면 예쁜 조개껍데기와 다양한 모양의 돌들로 모래 위에 모양을 만들어볼 수도 있다.

> "아이들은 그들 세계의 물질들과 놀고 실험하고
> 재배열하는 것에 감동을 느낀다."
>
> – 마가렛 모건, 『자연과 함께하는 어린이』 중에서

바닥이 모래로 된 놀이터는 친구들과 함께 모래를 쌓으며 노는 협동 놀이를 하기에 좋다. 아이는 혼자서도 잘 놀겠지만, 친구와 함께 모래로 만든 장난감을 가지고 놀이를 한다면 더 즐거워할 것이다.

모래 상자 만들기

와인 상자를 활용하면 좋다. 나무판자로 상자를 직접 만들어서 쓸 수도 있다.
나무 상자를 직접 만들 경우에는 바닥을 튼튼하게 만들고 다 만든 뒤 기름칠을 해준다.

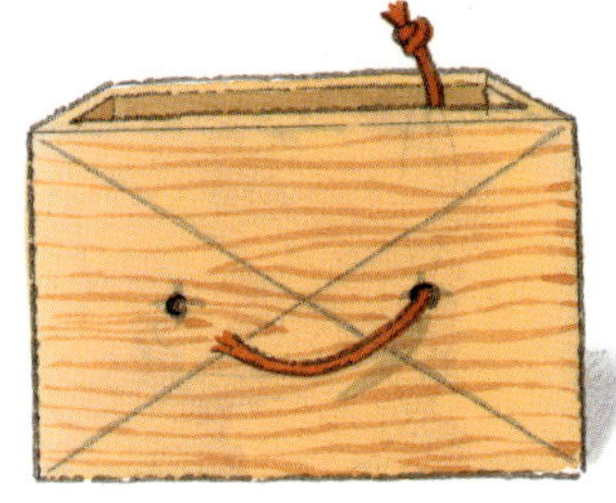

❸ 방수를 위해 상자 안에 폴리에틸렌 시트를 깔고, 모서리의 마주 겹치는 부분들에는 갈색 박스 테이프를 붙인다.

❻ 완성된 상자 안에 모래를 채운다.

❶ 나무 상자에서 폭이 더 좁은 쪽의 두 개의 면의 중심부를 찾아 연필로 표시한 뒤 7~10cm의 간격을 두고 드릴로 두 개의 구멍을 뚫은 다음 표시했던 부분을 문질러 지운다.

❹ 폴리에틸렌 시트를 스테이플 건으로 상자 안쪽에 박아 고정시킨다.

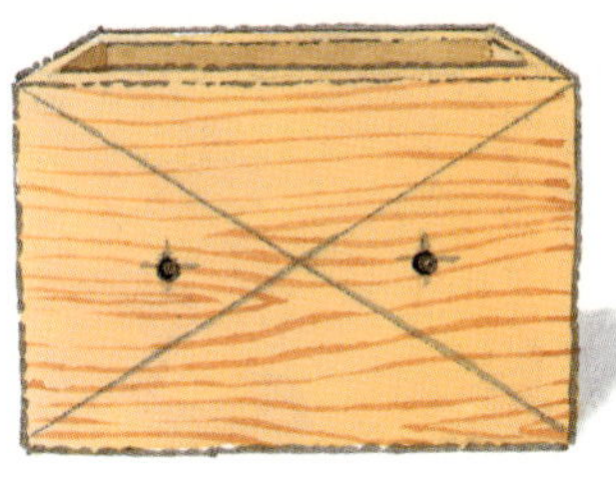

❷ 구멍 사이로 밧줄을 집어넣고 양끝을 매듭지어 묶어서 양옆으로 손잡이가 두 개를 만든다.

❺ 스테이플이 박힌 자리를 가리기 위해 판재를 상자 안쪽의 가로 세로 폭에 맞춰 자른다. 잘라낸 판재를 접착제로 제 위치에 붙이고 나사로 고정시킨다.

보물 바구니

여기에 소개되는 보물 바구니는 교육학자인 엘리너 골드슈미트의 발상을 바탕으로 구상된 것이다. 보물 바구니는 앉을 수는 있지만 아직 제대로 돌아다니지는 못하는 아이에게 적합하다. 바구니에 흥미로운 것들을 담다 보면 아이는 그것들을 가지고 자신이 무엇을 할 수 있는지를 스스로 발견하게 된다.

상상 놀이

아이에게 보물 바구니를 주면 아이는 오랜 시간 열중하여 잘 가지고 논다. 보물 바구니는 아이 스스로 발견할 수 있게 만들어준다. 무언가를 배우고 있는 아이를 방해하지 말아야 할 때가 있음을 부모는 알아야 한다. 아이가 도움을 필요로 할 때만 아이 옆에 있어주어야 한다. 보물 바구니 속 물건들을 가지고 놀면서 혼자서 가만히 탐구하는 아이를 그냥 지켜보자. 아이가 먼저 말을 걸어올 경우에만 대꾸해주자.

바구니는 그리 크지 않아도 되지만 튼튼해야 한다. 졸라매는 끈을 속에 두른 안감을 바구니에 깔아주면 물건들을 좀 더 곱게 보관할 수 있으며, 나들이를 나갈 때 보물 바구니도 가져가고 싶으면 물건들이 들어 있는 상태에서 안감째 빼내어 끈을 졸라매 주면 복주머니 모양의 가방으로도 활용할 수 있다.

바구니 속 보물들

바구니에 담을 물건들을 고르는 단 한 가지 유일한 기준은 아이의 감각을 충분히 매료시킬 수 있느냐 하는 점이다. 이런 이유 때문에 물건들은 자연 속에서 찾아낸 것들이 좋다. 플라스틱은 차갑고 딱딱하고 대부분 각이 져 있으며, 대체적으로 우리의 감각을 매료시키지 않는다. 자연 속 산물들은 만졌을 때 대체로 온기가 느껴지고 모양도 가지각색이다. 돌멩이만 해도 무거운 것, 납작한 것, 표면이 거칠거칠한 것, 매끈한 것 등으로 형태가 다양하며 가지고 놀면 온기가 느껴진다.

또한 아이는 무엇이건 맛을 보려고 하기 때문에 아이의 입에 닿아도 괜찮은 것들로 골라야 한다. 치아를 돌멩이에 대고 가는 행위는 아이에게는 흥미로운 체험이다. 아이는 돌의 느낌을 받아들일 수 있고, 치아가 상하지도 않는다. 솔방울 역시 아이가 집어 들고 흥미롭게 탐구하고, 집어던지며 놀기에 좋은 대상이지만, 아이에게 주기 전에 솔방울의 씨는 미리 빼내고 떨어져 나가는 데가 있지는 않은지 잘 살펴보아야 한다. 숟가락 역시 재미있게 가지고 놀 수 있다. 아이는 숟가락으로 두드리고 먹고 거울로 쓸 수도 있다. 조그만 그릇이나 다양한 크기의 나무 숟가락들, 딸랑이, 금속으로 된 차 거름망, 조개껍데기, 실크 천 같은 것들은 모두 탐구하기에 좋은 보물들이다.

보물 바구니 만들기

직사각형이나 정사각형의 네모난 바구니라면 크기에 상관없이 아래의 방법대로 만들 수 있다. 아이가 쉽게 손을 집어넣을 수 있도록 바구니의 깊이가 너무 깊지 않아야 한다.

❶ 먼저 천을 재단한다. 바구니의 가로 세로 폭보다 약간 더 여유분을 두고 천을 오린다. 천 위에 바구니를 올려놓고 바구니 밑면을 재도 된다.

❷ 바구니의 옆면을 두르게 될 옆판용 천은 길게 이어진 천을 쓰는 것이 편하다. 천의 세로 폭을 잴 때는 바구니 위로 걸쳐지는 부분을 감안하여 여유분을 두어야 한다. 천을 재단할 때는 항상 무늬를 염두에 두고 재단한다.

❸ 옆판용 천의 윗부분을 끈이나 리본이 들어갈 수 있게 공간을 두고 꿰맨다.

❹ 옆판의 양끝을 이어 붙여 꿰맨 뒤 바구니에 씌워본다. 천을 뒤집어서 겉면이 밖으로 나왔을 때의 모양을 점검하여 모서리 위치를 잡은 뒤, 각 모서리마다 시침핀을 꽂아 표시한다. 밑판용 천을 겉면이 위로 오도록 하여 바구니 바닥에 깔고, 역시 각 모서리마다 시침핀을 꽂아 표시한다.

❺ 바구니에 씌웠던 옆판과 밑판용 천을 벗긴 뒤 뒤집어서 시침핀으로 표시해둔 위치를 잘 맞춰가며 한데 꿰맨다.

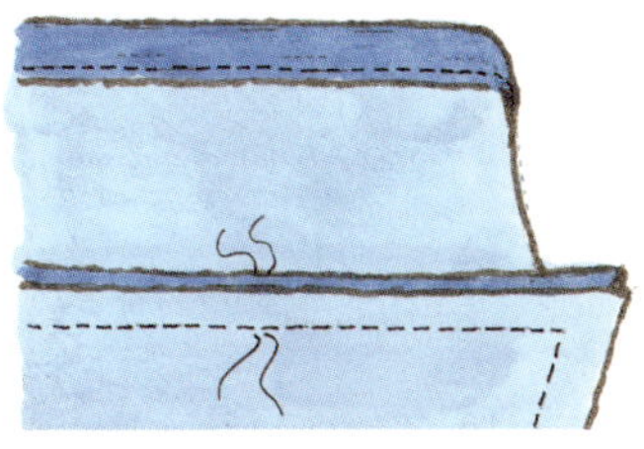

❻ 윗부분의 끈을 집어넣을 부분에서 바구니 앞면 가운데에 오게 되는 부분을 약간 자른 뒤 털실이나 리본을 집어넣어 한쪽 끝을 밖으로 뺀 다음 끈의 양끝을 묶어 리본을 매준다. 이때 옷핀에 끈을 달아 집어넣고 통과시키면 빼기가 더 쉽다. 천에 꽂았던 시침핀들을 뽑고 천을 바구니에 씌운다.

자연을 담은 모빌

생후 처음 몇 달간 갓난아이가 중점적으로 해야 할 일은 근육을 키워 근력을 쌓는
일이다. 또한 아이는 자기 몸을 인지하고 이해해야 하며, 자신이 할 수 있는 일에
익숙해져야 한다. 자리에 누워 있거나 아기의자에 앉아 있을 때 아이가 보게 되는
장난감들은 잠깐 아이의 관심을 끈다. 그러다가 좀 더 자라면 아이는 이 장난감들에
초점을 맞추고 만지고 싶어할 것이다.

자연을 집 안으로 들여오기

아이를 안아 올려 모빌을 보여주고 모빌을 살살 흔들어주면 아이는 무척이나 기뻐
할 것이다. 아이가 자기 몸에서 벗어나 모빌에 초점을 맞추기 시작하면서 모빌에
달린 물체들의 다양함과 색깔과 모양과 소리에 의해 아이의 감각은 자극을 받을
것이다.

자연 속에서는 모빌에 달아맬 수 있는 것들을 계절별로 수없이 많이 찾아낼
수 있다. 가을에는 낙엽, 솔방울, 도토리, 밤 등이 있고, 여름에는 깃털, 조개껍질,
물 위에 떠 있는 나뭇잎과 꽃들이 있다. 골라낸 것들을 실에 꿰고 비즈 구슬이나
종 같은 것도 함께 매달아서 아기침대 위나 산들바람이 솔솔 불어오는 창문 앞에
걸어보자. 모빌 하나에 너무 많이 매달아서는 안 된다. 가끔씩 모빌을 바꿔 달아
서 아이가 다양한 모양과 색깔을 접할 수 있게 해주자.

아이가 좀 더 자라면, 아이를 데리고 나가서 모빌에 매달 것들을 함께 찾아보
자. 아이에게 자연에 대한 관심을 길러줄 수 있을 것이다. 깃털은 새에게서 떨어
지며, 깃털을 만졌을 때의 느낌이 어떤지, 깃털이 얼마나 매끄럽고 가벼운지를 아
이는 이해하기 시작할 것이다. 또 아이는 조개껍데기를 집어 들고 그 딱딱함과 날
카로운 언저리를 손으로 느끼고, 바다의 짠맛을 맛볼 것이다. 그리고 꽃잎을 뜯어
내면 손에 들고 있는 꽃도 사라져버린다는 사실을 아이는 깨닫게 될 것이다.

계절을 담은 모빌 만들기

크리스마스에는 별과 천사 모양의 장식을 모빌에 매
달고, 밸런타인데이에는 하트와 새 모양의 장식을, 부
활절에는 예쁘게 꾸민 달걀을 매달고, 겨울에는 종이
로 만든 눈꽃과 털방울로 만든 눈 뭉치를 모빌에 매달
아보자. 또 조그만 털실 공을 달아 모빌을 만들 수도
있다. 모빌을 꾸미는 방법은 이처럼 무궁무진하다.

자연을 담은 모빌 만들기

여기에 소개하는 모빌은 가을 분위기를 담아낸 것이지만, 여름에는 꿀벌과 나비 장식을 매달고, 겨울에는 천사와 눈꽃 장식을, 봄에는 꽃을 매다는 식으로, 그때그때 계절에 맞게 만들어볼 수 있다.

준비물
버드나무 한 가닥, 튼튼한 실, 솔방울, 깃털, 낙엽, 꽃 등등

❶ 1m 길이의 버드나무 가닥을 둥글게 구부리고 엮어 고리를 만든다. 고리에 일정한 간격으로 실을 단단히 묶는다.

❷ 같은 길이의 실 세 가닥을 버드나무 고리에 묶고 위에서 한데 묶는다. 나중에 이 실을 이용하여 완성된 모빌을 매달게 될 것이다.

❸ 길이를 달리하여 실을 몇 가닥 자르고 솔방울이나 깃털, 낙엽, 꽃 등을 적당한 간격을 두고 매단다.

❹ 완성된 버드나무 고리를 한쪽으로 기울어지지 않게 잘 매단다.

창문 장식 액자

아이를 위해 아름다운 환경을 만들어주는 것은 아이의 미적 감각을 길러주는 데
도움이 된다. 계절에 맞게 만든 창문 장식 액자에 자연에서 찾아낸 보물들로 꾸민
테이블이 더해지면, 아이는 자신의 주위 환경과 그런 환경을 위해 엄마가 기울이는
마음씀씀이는 물론이고 계절의 변화까지 이해하게 될 것이다.

계절의 변화

아이가 좀 더 잘 움직일 수 있게 되고 자연에서 어떤 일이 일어나는지에 관심을 보
이기 시작하면, 창문 장식 액자는 아이의 관심을 끌 것이다. 계절에 따라 내용과
구성과 색깔을 바꿔주면서 계절의 변화에 대해 아이가 인식한 것을 그림으로 담
아내면 바깥 세상에 대한 아이의 지식을 넓히는 데 도움이 된다. 아이는 빛이 장식
액자를 통과하여 빛나는 모습과 장식 액자가 벽에 반사되어 비치는 모습에 흥미를
느낄 것이다.

어떤 색깔 위에 다른 색깔을 덧칠하면 제3의 색깔이 나오고, 같은 색깔을 더
칠해주면 색감이 한층 깊어진다. 또 얇은 종이를 찢거나 구겨서 모양을 만들어 붙
이면 질감이 표현된다. 아이가 어느 정도 크면 엄마와 함께 기름종이 위에 얇은 종
이를 찢어 붙이면서 즐겁게 창문 장식 액자를 만드는 작업을 할 수 있다. 아이가
직접 참여하든, 엄마가 하는 것을 지켜보든, 예술 활동은 아이에게 있어 훌륭한 창
의적 체험이다.

그때그때 액자의 디자인에 변화를 주어보자. 밑동과 가지가 있는 나무 그림
에 나뭇잎을 추가해 달고 계절에 맞춰 색깔도 바꿔보자. 가령 봄에는 나무에 꽃을,
여름에는 새를, 가을에는 사과를, 겨울에는 별이나 눈을 붙여줄 수 있다.

자연을 담은 테이블

계절에 맞게 자연물로 꾸민 테이블을 창문 장식 액자와 함께 배치해보자. 창문턱

이나 작은 탁자 위 등의 적당한 곳에 놓아보자. 아이와 함께 산책하면서 적당한 것들을 찾아내어 집으로 가지고 와서 테이블을 꾸며보자. 날카로운 돌과 매끈한 조약돌의 차이를 느낀다든지, 박하나 장미의 향을 맡는 등의 아주 단순한 행동에서도 아이는 즐거움을 느낀다. 자연의 경이를 집으로 가져오는 일은 모두에게 기쁨이 될 것이고, 자연과 계절의 변화에 대한 가족의 관심을 일깨워줄 것이다.

창문 장식 액자 만들기

여기에 소개하는 방법을 써서 여름에는 해바라기를, 겨울에는 눈사람을, 봄에는 꽃을, 가을에는 다람쥐가 노는 나무 그림을 담는 등의 방법으로 계절에 맞게 창문 장식 액자를 꾸며볼 수 있다.

준비물

색깔 있는 두꺼운 종이 2장, 컴퍼스, 연필, 가위, 기름종이, PVA 접착제, 컬러 미농지(얇은 종이), 구멍 뚫는 펀치, 색깔 있는 끈, 생화, 말린 꽃, 열매, 잔가지, 솔방울, 돌멩이, 조개껍질, 보드라운 천 등등

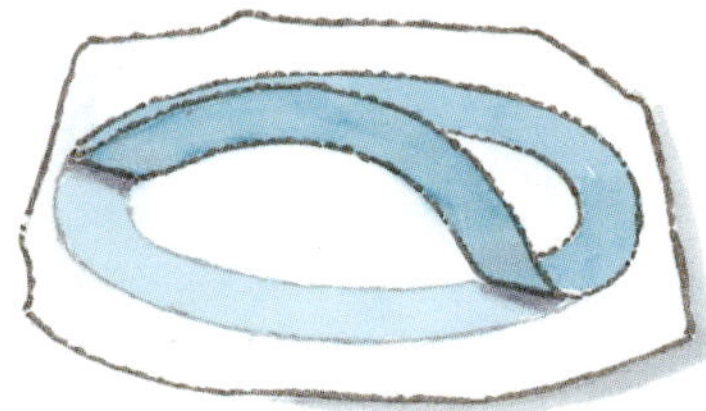

❶ 두꺼운 종이에 컴퍼스로 지름 30cm의 원을 그린다.

❷ ❶의 원에서 4cm 안쪽으로 작은 원을 한 개 더 그려서 둥근 고리 모양으로 오린다. 또 한 장의 두꺼운 종이에도 같은 방식으로 두 개의 원을 그려 둥근 고리 모양으로 오린다.

❸ 두 개의 둥근 고리 사이에 기름종이를 끼우고 둥근 고리 안쪽에 PVA 접착제(풀)를 발라 붙인다. 풀이 마르도록 놓아 둔다.

❹ 기름종이 위에 해당 계절에 맞는 그림을 간단하게 그려 디자인을 구성한다. 이 책에서는 여름철 해바라기를 그렸다.

❺ 찢거나 구겨서 뭉친 컬러 미농지 또는 말린 꽃이나 잎사귀에 풀을 발라 붙여 그림을 꾸민다. 풀이 마를 때까지 기다린다.

❻ 둥근 고리 둘레의 기름종이를 오려내고, 위쪽에 펀치로 구멍을 뚫고 색실을 달아 걸 수 있는 고리를 만든다.

❼ 완성된 창문 장식품에 어울릴 만한 자연의 분위기를 담은 테이블을 꾸민다. 아이의 손이 닿을 수 있는 장소를 선택하고 천을 깔아 안전하고 자연의 분위기가 전달되도록 꾸며보자.

색인

* 볼드체는 장난감이 소개된 페이지입니다.

가젤 소년 87

감각 발달 58

감정의 균형 18

감정의 인식 61

걷기 87

걸음마 10, 61, 87, 106, 112

경이 121~125

골드슈미트, 엘리너(Elinor Goldschmied) 130

공놀이 70

균형 감각 18

꼬꼬댁 엄마닭 인형 **44**, 47, 54

놀이의 발달 86

늑대 아이 87

댄시, 라히마 볼드윈(Rahima Baldwin Dancy)
　『당신은 당신 아이의 첫 번째 선생님입니다』 108

댕그랑 꽃화분 종 **78**, 80

동글이 인형 **22**, 24, 25, 40

두뇌 발달 87

두둥실 나무 배 **100**, 103

두려움 18

딸랑이 64~ 67, 78, 132

딸랑이와 흔들이 **64**

떼구루루 털실 공 **70**, 73

라르고, 레모(Remo Largo) 86

말하기 10, 87

모건, 마가렛(Margaret Morgan)
　『자연과 함께하는 어린이』 126

모래 놀이 100, 126, 128

모래 상자 **126**, 129

모방 10, 19, 21~26, 32, 87, 89, 106

몰트, 에밀(Emil Molt, 1876-1936) 13

미각 61

미끄르르 오리 **112**, 115

바로시오, 로즈(Rose Barocio)

『유아 양육에서의 따뜻한 태도와 언어와 관심의 역할』
　78

반복 9, 21, 44, 58, 60, 64, 72, 87~92, 96, 104, 112

발도르프 교육 13

보들보들 양 인형 44, **48**, 51, 54

보물 바구니 124, **130**, 133

보살핌 11, 15~22, 26, 28, 36, 40, 42

복슬복슬 병아리 **52**, 54, 55, 98

부르릉 자동차 **108**, 111, 112

부버, 마르틴(Martin Buber, 1878-1965),『나와 너』 58

북실북실 털방울 **96**, 99

불안 9, 18

브루스, 티나(Tina Bruce) 96

브리츠 크리셸리우스, 하이디(Heidi Britz-Crecelius)
　『어린이와 놀이』 22

블레이크, 윌리엄(William Blake, 1757-1827)
　《아기의 기쁨》 6, 《아기의 슬픔》 11, 《순수의 전조》 125

블록 32, 90, 92, 95, 116, 118

블록과 울타리 44, **90**, 92

비고트스키, 레브(Lev Vygotsky, 1896-1934) 124

사회성 6, 9, 20

산들산들 풍경 **74**, 76

상상 놀이 26, 36, 54, 126, 130

상상력 11, 26, 34~39, 48, 50, 62, 87, 100, 122, 124

상징 놀이 87

성장 발달 11, 19, 78, 104, 106, 112

손뜨개 인형 48

슈타이너, 루돌프(Rudolf Steiner, 1861-1925) 13, 74
　『아동교육』 19

슝슝 미끄럼대 **116**, 118, 119

스트레스 18, 61

시각 10, 11, 64, 74, 125

신체 운동 10, 90

아기자기 벽걸이 주머니 **36**, 39

아인슈타인, 알베르트(Albert Einstein, 1879-1955) 122

참고문헌

야프케, 프레야(Freya Jaffke) 26, 52

역할 놀이 21, 32

인형극 놀이 34-36, 44, 48, 50, 92, 106, 118

인형 놀이 26, 40

자각 13, 57, 58

자기 인식 13, 58, 60, 62

자아존중감 13

자연을 담은 모빌 **134**, 137

자장가 40, 42, 96

자존감 21

재미있는 인형극 놀이 **32**, 35

정리 정돈 36, 38

젠킨슨, 샐리(Sally Jenkinson),『놀이의 재능』 104

집중력 19

창문 장식 액자 124, **138~141**

창의력 9, 11, 96, 100, 116, 122

창의적 10, 32, 60, 89, 116, 122, 125, 138

청각 61, 64, 74, 108

촉각 60, 96, 100

칙칙폭폭 나무 기차 **104**, 107

털방울 52~55, 96, 99

폭신폭신 인형 **26**, 29, 40

표현 놀이 87

프뢰벨, 프리드리히(Friedrich Fröbel 1782-1852) 70, 84

피클러, 에미(Emmi Pikler, 1902-1984) 22

협동 놀이 128

홉슨, 피터(Peter Hobson) 62

활동 6, 9~12, 19, 32, 60, 78, 83~90, 100, 104, 112, 122, 138

후각 60

흉내 놀이 122

흔들이 64, 66, 69

흔들흔들 인형 침대 **40**, 43

Baldwin Dancy, Rahima, *You are Your Child's First Teacher*, Hawthorn Press, Stroud, 2006

Barocio, Rose, 'The Role of Warmth, Speech and Attention in Infant Care', in Michaela Glöckler(ed.), *The Dignity of the Young Child: Care and Training for the First Three Years of Life*, Medical Section of the Goetheanum, Dornach, 1999

Blake, William, *Selected Poetry*, Oxford University Press, Oxford, 1998

Britz-Crecelius, Heidi, *Children at Play: Using Waldorf Principles to Foster Childhood Development*, Inner Traditions, Rochester, 1996

Bruce, Tina, *Cultivating Creativity in Babies, Toddlers and Young Children*, Hodder Arnold, London, 2004

Buber, Martin, *I and Thou*, Continuum International Publishing Group, London and New York, 2004

Carey, Diana and Large, Judy, *Festivals, Family and Food*, Hawthorn Press, Stroud, 2001

Clouder, Christopher and Rawson, Martyn, *Waldorf Education: Rudolf Steiner's Ideas in Practice*, Floris Books, Edinburgh, 2003

Clouder, Christopher(ed.), *Steiner Education: An Introductory Reader*, Sophia Books, Oakland, 2004

Clouder, Christopher, Jenkinson, Sally and Large, Martin(eds.), *The Future of Childhood*, Hawthorn Press, Stroud, 2000

Cohen, David, *The Development of Play*, Routledge, Abingdon, 2006

Druitt, Ann, Fynes-Clinton, Christine and Rowling, Marye, *All Year Round*, Hawthorn Press, Stroud, 1995

Fröbel, Friedrich, *The Education of Man*, Dover Publications, Mineola, 2005

Fröbel, Friedrich, *The Pedagogics of the Kindergarten: Ideas Concerning the Play and Playthings of the Child*, University Press of the Pacific, Honolulu, 2003

Gerhardt, Sue, *Why Love Matters: How Affection Shapes a Baby's Brain*, Brunner-Routledge, London, 2004

Glöckler, Michaela and Goebel, Wolfgang, *A Guide to Child*

Health, Floris Books, Edinburgh, 2003

Glöckler, Michaela(ed.), *The Dignity of the Young Child: Care and Training for the First Three Years of Life*, Medical Section of the Goetheanum, Dornach, 1999

Hobson, Peter, *The Cradle of Thought: Exploring the Origins of Thinking*, Pan Macmillan, London, 2004

Jaffke, Freya, *Play and Work in Early Childhood*, Floris Books, Edinburgh, 2002

Jaffke, Freya, *Toymaking with Children*, Floris Books, Edinburgh, 2003

Jenkinson, Sally, *The Genius of Play: Celebrating the Spirit of Childhood*, Hawthorn Press, Stroud, 2002

Knabe, Angelika, 'Rhythms in Man and Cosmos: Strengthening the Will and Self Assurance' in Michaela Glöckler(ed.), *The Dignity of the Young Child: Care and Training for the First Three Years of Life*, Medical Section of the Goetheanum, Dornach, 1999

Largo, H. Remo, *Babyjahre*, Piper, Munich, 2000

Male, dot, *The Parent and Child Group Handbook: A Steiner/Waldorf Approach*, Hawthorn Press, Stroud, 2006

Morgan, Margaret, *Natural Childhood*, Gaia Books, London, 1994

Oldfield, Lynne, *Free to Learn: Introducing Steiner Waldorf Early Childhood Education*, Hawthorn Press, Stroud, 2001

Olfman, Sharna(ed.), *All Work and No Play: How Education Reforms are Harming Our Preschoolers*, Praeger, Westport, 2003

Salter, Joan, *The Incarnating Child*, Hawthron Press, Stroud, 1992

Steiner, Rudolf, *The Education of the Child: And Early Lectures on Education*, Steiner Books, Great Barrington, 1996

Stern, Daniel, *Diary of a Baby: What Your Child Sees, Feels and Experiences*, Basic Books, New York, 1992

Woodhead, Martin, Faulkner, Dorothy and Littleton, Karen(eds.), *Cultural Worlds of Early Childhood*, Routledge, London, 1998

부록

발도르프 인형 관련 사이트와 숍

* 발도르프하우스 www.whaus.co.kr
  발도르프 인형 전문 쇼핑몰, 원단 판매
* 내동생 www.inds.co.kr
  발도르프 인형 전문 쇼핑몰, 인형 만들기 동영상 강좌
* 발트앤슈필 www.waldnspiel.co.kr
  자연주의 발도르프 토이&교육용품
* 발도르프인형 맘달 www.momdoll.com
  DIY, 발도르프 인형, 신생아용품 만들기
* 발도르프 앤 퀼트 www.발도르프인형.kr
  발도르프 인형 만들기, 재료 판매
* 테디랑 발도르프 www.teddynw.com
  테디베어 및 발도르프 인형 수공예 전문
* 준크래프트
  발도르프 인형, 퀼트 부자재
  서울 종로구 종로6가 289-3 동대문종합시장 B동 5022, 5023호 / Tel 02-2266-7783

발도르프 교육 관련 사이트

* 슈타이너학교 www.steiner.or.kr
* 자연주의 유아교육센터 분더바움 wunder.kr
* 재단법인 한국 발도르프 장학재단(사단법인 한국 슈타이너 교육 협회) www.waldorf.or.kr
* 한국 루돌프 슈타이너 인지학 연구센터
  www.steinercenter.org

Special Photography © Octopus Publishing Group Limited / Russell Sadur